행복을 끌어오는 긍정의 힘

맑은 바다에서
긍정의 파도를 타다

이현숙 에세이

"세상을 움직이는 힘,
긍정원리와 자연소통을 이해하면
당신의 삶도 바뀐다."

도서
출판 행복에너지

맑은 바다에서 긍정의 파도를 타다

초판 1쇄 발행 2019년 12월 25일

지 은 이 이현숙
발 행 인 권선복
편　　집 권보송
디 자 인 서보미
전 자 책 서보미
발 행 처 도서출판 행복에너지
출판등록 제315-2011-000035호
주　　소 (07679) 서울특별시 강서구 화곡로 232
전　　화 0505-613-6133
팩　　스 0303-0799-1560
홈페이지 www.happybook.or.kr
이 메 일 ksbdata@daum.net

값 15,000원
ISBN 979-11-5602-760-7 　(03190)

맑은 바다에서
긍정의 파도를 타다

이현숙 에세이

도서
출판 행복에너지

조기조

曺基祚; 경남대학교 명예교수, 경영학 박사

누님, 나탈리아여!

'집단주의:개인주의', '남성중심 사회:여성중심 사회' 문화권을 보는 두 가지 잣대의 모습이다.

영화 〈82년생 김지영〉, 아직 40이 안 된 그녀는 집단주의와 남성 중심의 틀에 갇힌 세상에서 눌린 연탄 같은 인생으로 신음한다. 제 몸 살라 태우고도 거추장스럽다고 버려질, 누군가가 걷어차 버릴 연탄재 같은 인생 말이다.

'47년생 이현숙'의 영화를 상상해 본다. 김지영의 큰어머니 같은, 순종을 미덕으로 배우고, 여자는 출가외인이라 '죽어도 시집

귀신이 되어야 한다.'고 배운 사람이다. 해방 직후에 태어나 전후의 황폐하고 어수선한 시기에도 꿈 많은 소녀로 따뜻한 세끼를 챙겨먹고 자랐다. 명문여고를 다녔던 복되고 깨우친 여성이었다.

'월남에서 돌아온 김 해병'을 만나서 이 꿈 많은 아가씨, 이현숙의 인생은 소용돌이에 휘말린다. 빈한한 집안의 맏며느리에 시집살이부터 꿈은 박살이 난다. 상이용사로 전쟁의 트라우마에 고통을 겪는, 남편이라는 애처롭고도 용서하기 어려운 큰 짐을 지고 살았다. 돌이켜보면 가난과 아픈 남편, 세 아이라는 삼각파도를 헤쳐 나온 것은 보이지 않는 에너지로 연결되어 질기고 질긴 생명의 사랑 줄 때문이었으리라.

9남매의 가운데인 나는 팔순의 큰누님이 계신다. 보릿고개를 잘 아는 우리는 '82년생 김지영'의 엄마가 그랬듯이 그렇게 자랐다. 아들인 나는 단지, 자매들의 희생으로 일어선 사람이다. '47년생 이현숙'은 오랜 기간을 함께한 스승이자 누님이시다. 틈틈이, 짬짬이, 일기처럼 기록해 온 누님의 글을 받아 나름대로 다듬어 보기로 했다. 순수하고 진실하여 원문 그대로가 좋겠다 싶어 가필이나 정정은 안 했다. 아니, 몰래 한 인생의 일대기를 훑어보았다.

인생은 희망으로 사는 것이라고 했던가? 작은 것이라도 이루어 보려는 목표가 있으면 즐겁다. 그런데 결혼 후 상당 기간은 첩첩산중에 오리무중의 산길을 이고 지고 오르는 삶이었다. 어떻게 희망을 이야기하겠는가? 지쳐 쓰러져도 포기하지 않고 험산을 넘은 이현숙은 작은 거인이다. 꿈과 의지, 사랑과 신념, 정의가 살아있는 사람이다. 재능과 끼가 넘치는 사람이다. 냉철한 두뇌에 뜨거운 가슴을 가진 사람이다.

득도(得道)와 경지(境地)를 생각한다. 돈오(頓悟)인지 해오(解悟)인지는 중요하지가 않다. 수많은 고통과 절규, 참담(慘憺)과 암울(暗鬱) 속에서 하나님을 믿으며 아내와 엄마의 임무를 감당해 오던 어느 날, 문득 경지에 이르렀던 것이다.

그 과정은 험난함이 맞다. 욥과 같이 인내하였다. 울다가 기도하셨다. 마침내 그 끝이 창대(昌大)하다. 혀로 뼈를 깎아내듯이 살아온 인생, 스스로 긍정의 힘을 깨닫고 실천한 여인, 시련과 고통으로 가득한 인생이 불가마에서 구워지며 단단해진 옹기(甕器)처럼 영생하게 된 것이다. 되돌아보니 생각나는 말씀, "보이는 시련 때문에 좌절하지 말고, 믿음으로 일어나라 하셨더라!" "야곱아!(나탈리아여!) 내가 너와 함께 있으니 두려워하지 마라."

끝이 좋으면 다 좋다고 할 수 있을까? 딸 같은 주인공 '82년생 김지영'을 보면서 이 땅의 딸들이 힘들지 않고 살 수 있기를 빌고 또 빌었다. '47년생 이현숙'의 삶을 들여다보며 어찌 저리도 힘든 인고(忍苦)의 시기를 잘 견뎌 내었는지 경탄(敬歎)과 울분(鬱憤)이 교차한다. 전쟁의 트라우마로 고통받은 '인간 김 해병'의 인생도 승

맑은 바다에서 긍정의 파도를 타다

리했다. 고진감래(苦盡甘來)였고 기·승·전 – 처복이다. 알고는 받
아들이기 어려운 이 인생을 사는 방법은 사랑하고 간구(懇求)하는
것이라 한다. "사랑하였느냐? 진심으로 사랑하였더냐?" 하느님
께서 응답하셨다.

세속에서 기도드립니다. "누님, 나탈리아여! 언제나 주님을 섬
기고 가족과 이웃을 사랑하며 살다가 주님의 은총으로 영원한 천
상 가정에 들으소서."

목차

3장 긍정의 선 부정의 악

1장.

나의 인생과
가족 이야기

전쟁으로 인한
나의 가족사

...

  나의 친할머니는 아버지께서 8세일 때 할아버지와 온 가족을 데리고 일본 홋카이도로 건너가셨다. 할아버지는 아버지가 14세일 때 일본에서 돌아가셨고, 그 후 가족은 나고야로 이주하게 되었다. 사람에 대한 사랑이 유별나게 많은 할머니는 4남매를 키우시느라 고생을 많이 하셨다. 이 이야기는 조상님과 부모의 삶의 역사를 맏이가 먼저 알고 동생들이 큰 뒤에 전해 주라고 하시면서 아버지께서 상세하게 들려주신 이야기이다.

  1945년 일본 땅에서 살고 있는 조선 사람들에게 우리나라가 해방되어, 잘살게 되었다며 조국으로 돌아오라는 대대적인 선전이 있었다고 한다. 그때 아버지는 선반기술로 공장장까지 하고 계셨기 때문에 가정경제는 걱정이 없을 정도였지만, 친할머니께서는 조선인에 대한 민족차별이 많은 일본 땅을 떠나 그리운 당신의 나라 조선으로 가자고 밤낮으로 주위사람들을 설득하셨다.

그래서 결혼해서 갓 낳은 첫아들(오빠는 7세 때 폐렴으로 한국에서 사망)을 품에 안고 우리 어머니의 친정인 나의 외갓집 외할아버지, 외할머니, 이모와 외삼촌 여덟 식구를 포함해 주위에 살고 있던 일가친척 모든 사람들과 연락선을 타고 귀환동포가 되어 함께 한국으로 귀국하셨단다. 그 당시 가지고 들어온 일본 엔은 제대로 환전해 쓰지도 못하고 고생은 이루 말할 수 없었다고 한다. 그 후 한국전쟁 이전 비슷한 시기에 나의 두 할머니는 돌아가셨다.

6·25 한국전쟁이 터지자 아버지, 삼촌 두 분, 큰외삼촌, 모두 네 분이 전쟁 때문에 징병되었었는데 아버지는 기관지 천식으로 젊었을 때부터 기침을 많이 하셨기 때문에 폐병(폐결핵)인 줄 알고 집으로 돌려보내졌다. 그날 밤이 기억난다. 죽은 사람이 돌아왔다고 아버지를 보러 동네사람들이 모두 모여들었다. 모두들 아버지를 기뻐하며 맞이하였고 징병된 자기 가족들 생사를 물어보기도 하였다. 돌아온 아버지에게 이가 너무 많아 양말 안까지도 버글거려 모두 벗어 장작더미에 얹어 놓은 것까지 어릴 적 기억이 생생하다.

전쟁이 끝나고 큰삼촌은 포를 잘 쏘아 훈장을 받으셨고 작은삼촌은 집도 기억하지 못할 정도로 심한 정신착란증세가 와 아버지께서 어느 군부대 정신병원에 있던 것을 찾아냈다. 큰외삼촌은 행방불명으로 영영 돌아오시지 않으셨다. 외할머니가 돌아가시고 혼자된 외할아버지는 전쟁터에서 죽어 돌아오지 않을 큰아들을 1966년 당신이 돌아가실 때까지 매일 기다리셨다. 아! 기막히는 이 시대의 인간사, 이 나라에 우리 가족 말고도 엄청난 숫자의 전쟁피해자가 있지 않는가?

우선 한국전쟁 이후 베트남전쟁 격전지(짜빈동 전투)에 참전해 중상을 입었던 나의 남편은 확실한 전쟁 피해자다. 6.25 한국전쟁이 터지자 징병을 기피하기 위해서 방아쇠를 당기는 손가락을 스스로 잘라버리신 시아버지는 없어진 손가락을 감추기 위해 항상 금방 다친 손가락처럼 하얀 붕대를 감고 고무 캡을 끼워 채우고 계셨다. 그런 시아버님을 나는 전쟁에 불참전한 전쟁피해자로 본다. 20대의 젊은 나이에 가족을 두고 징병되면 다시는 돌아오지 못하는 확률이 높다는 걸 아는데 마음이 어떠했겠는가? 결단을 내리는 것도 쉽지 않았겠지만 자신의 손가락을 잘라 없애는 것이 쉬운 일인가? 그것만으로도 큰 충격이었으며, 잘린 손가락과 함께 정신세계도 치명적인 손상을 받을 수밖에 없었을 것이다. 손가락이 자라지 않듯이 일정부분의 정신세계도 성장이 멈춘 부분이 있다. 시아버지와 함께 살다 보면 그런 것이 눈에 띈다.

나의 큰삼촌께서도 전쟁 후에 돌아와 전쟁후유증으로 평생 불행했다. 숙모님은 그런 남편을 이해할 수 없어 원만한 가정생활을 하실 수 없었고, 큰삼촌께서는 돌아가실 때까지 떠돌이 생활

맑은 바다에서 긍정의 파도를 타다

로 인생을 마치셨다.

　두 삼촌을 결혼시킨 후 친정아버지께서는 두 제수씨께 시숙인 자신을 보고 의지하며 살라고 위로하셨고 생활도 많이 도와주셨다. 그러나 친정아버지께서 49세로 일찍 돌아가신 후 삼촌 부부 문제해결의 중재자가 없어지고 말았다. 이후 큰숙모님은 마음이 넓으시고 부지런하고 사업능력도 있어 고생은 심하였지만 가정 경제는 혼자 잘 꾸려나가셨는데, 자식들 키우고 돈 벌기도 바쁘고 힘들어 죽을 지경에 속 썩이는 남편을 곁에 두시지 않으려고 기를 쓰며 별거를 원하셨다.

　그래서 삼촌은 뚜렷한 기술도 못 가진 채 공사장 뒷일이나 주차장 안내와 경비를 맡아 이리저리 전전긍긍하시며 삶을 사셨고 50년 가까운 결혼생활 동안 전쟁으로 인한 정신적 피해의식이 깊어 가족들과 같이 있으면 보상심리를 심하게 드러내며 화를 내시곤 했다. 인정받지 못한다는 심리로 인해서인지 자주 말을 부풀리는 거짓말쟁이로 비춰져 가족들에게 과소평가 받으셨다. 그러나 남들이 보기에는 비교적 신사적이고 선하셨다.

　어쨌든 가족불행의 씨가 전쟁터에서 발생한 것은 분명하다. 그러니 이것 역시 전쟁 후유증이고 모든 가족이 불쌍하다. 작은삼촌께서도 정신착란증으로 지내시다가 끝내 젊은 나이에 돌아가셨다.

내 인생

...

    내 인생의 1장은 1세~50세까지다. 부모님 밑에서 자라서 결혼하고 남편과 애들과 시댁과 집안의 모든 뒷바라지를 하며 살게 되는, 한국사회의 그냥 평범한 한 여자로 살아온 세월이라 할 수 있다.

    내 인생의 2장은 51세에서 60세까지다. 51세에 회사명 '맑은 바다해초식품', 상품명 '십사일다시마'로 창업을 하면서 공인성을 인정받아 사회 속에서 하는 일이 대폭 확장되었다. 그러나 나의 주관에 의해 지금은 자식에게 다 물려주고 이제 제3장은 온전히 내 인생으로 살아가려고 한다.

    제3장은 61세를 맞이하며 가정경제로 인한 이해득실과 유·불리 강박에서도 풀려나서 일상의 긴장성 없이 유연하게 내가 하고 싶은 일과 문화예술 속에 참여하려고 했었다. 한 번 밖에 없을 나의 생을 비로소 자유롭게 놓아주고 싶었다. 하지만 누구나 생활

맑은 바다에서 긍정의 파도를 타다

하면서 완전한 안정을 되찾기는 어렵다는 것을 나이 들어 체험하며 다시금 나의 인생 3장은 아직도 공부 중인 시기라고 여기고 있다.

1) 1997년 5월 19일 '맑은바다해초식품' 회사명으로 창업
2) 남편의 두 번째 척추 수술
3) 작은아들의 결혼식

97년은 위 세 가지 굵직한 일 중에서 아들 결혼식과 준비가 제일 쉬운 일이었을 정도로 일이 많았으며 힘든 한 해였다. 가정과 별개로 바깥사회 운동권에서 일하던 남편은 내가 가정을 지키기 위해서 하는 모든 일을 방관하며 밖에서 겉도는 생활을 하던 차, 74년 이후 두 번째 척추 수술로 인한 회복기엔 어쩔 수 없이 공장 내 원룸 형의 방에 누워 나의 돌봄을 받게 되었다. 눈만 뜨면 끊임없이 일을 하며 쉬지 못하는 나를 보고 내내 누워있는 남편은 하루에도 몇 번씩이나 나에게 "여보 좀 쉬어라. 내가 회복하고 일어나면 일을 아들과 내가 다 할께" 하면서 말리곤 했다. 하지만 당시엔 일을 안 할 수가 없었다. 그래서 난 남편에게 한 가지 제의를 했다. 내 나이 50세 되는 생일날 아침, 찰밥 한 그릇과 미역국을 끓여 밥상을 차려 달라고. 생일 두세 달 전부터 미리 돈을 벌어서 재료비도 마련하고 밥과 국도 당신이 손수 해야 한다고 말해두었다. 그렇게 세월이 흘러 일상이 바쁘다 보니 막상 내 생일날을 잊고 있던 나에게 그가 준 선물은! 『사랑하지 않을 수

없는 50가지 이유』였다.

　생일날이 마침 일요일이라 남편의 척추수술로 병원에 병문안을 오셨던 본당 신부 수녀님과 '빨마회' 교우들께 초밥을 대접하기 위해 준비에 몰두하고 있었던 차, 6시 새벽 어시장에 장보러 나가는 나에게 남편이 빨간 장미 한 송이와 파란색 덮개로 만든 파일을 주면서 읽어보고 나가라고 하기에 받아서 소리 내어 읽기 시작했다. 1, 2, 3, 4…15…20 처음에는 웃으며 읽다가 점점 진지해지면서 30부터 숨을 고르지 못했다. 온몸에 감동이 계속 밀려오고 눈물까지 나고 윽~ 윽~ 흑, 숨이 막혀 죽을 뻔했다! 숨을 내쉬면서 그만 울어 버렸다. 생일선물로 이렇게까지… 나 자신도 나를 모르고 사는데… 정말 고마웠다. 남편이.

　　　　　　　　　　　　　맑은 바다에서 긍정의 파도를 타다

'내가 당신을 사랑하지 않을 수 없는 50가지 이유'

1. 개미처럼 부지런하다.
2. 아무리 피곤해도 일이 끝나지 않으면 절대 눕지 않는다.
3. 일머리가 뛰어나 일을 효율적으로 처리한다.
4. 일을 재빠르게 할 뿐만 아니라 일솜씨가 돋보인다.
5. 물건들이 언제나 제자리에 있어서 눈을 감고도 찾을 수 있다.
6. 몸놀림이 날렵하다.
7. 몸과 집 안이 늘 깨끗하다.
8. 웬만한 일을 겁내지 않고 자신 있게 받아들이며, 일도 쉽게 처리한다.
9. 미각이 매우 발달해 있다.
10. 음식 솜씨가 좋고 나누어 먹기를 좋아해 많은 사람을 즐겁게 한다.
11. 먹성이 좋아 음식을 잘 먹지만 살이 찌지 않는다.
12. 잠을 잘 잔다.
13. 물건을 오래 쓰고 잘 간수한다.
14. 돈을 쓸 곳과 쓰지 말아야 할 곳을 엄격하게 구분한다.
15. 미적 감각이 뛰어나지만 사치는 싫어한다.
16. 결혼생활 30년 동안 고급 브랜드의 비싼 옷을
    한 번도 사 입은 적이 없다.
17. 남이 주는 헌 옷도 고맙게 받아 입고
    헌 물건을 함부로 버리지 않는다.

18. 생활력이 강하다.

19. 책임감이 강하다.

20. 사업에 소질이 있다.

21. 우덕(友德)이 있는 사람이다.

22. 창조적이다.

23. 용기 있고 개척정신이 강하다.

24. 매사에 의욕적이며 진취적이다.

25. 매우 순진한 구석이 많다.

26. 아무리 걱정이 많아도 남에게 표를 잘 내지 않는다.

27. 어려운 일이 예상되어도 미리 걱정을 하지 않는다.

28. 대단히 침착하고 대범하다.

29. 잔머리를 쓰지 않는다.

30. 심지가 굳고 의리가 있다.

31. 참을성이 매우 강하며 끈질기다.

32. 처음 보는 사람도 편하고 쉽게 대하며, 남들과 잘 어울린다.

33. 매우 낙천적이며 유머 감각이 있다.

34. 노래 부르기를 무척 좋아하고 잘한다.

35. 눈대중과 눈썰미가 뛰어나다.

36. 사람이름, 전화번호, 얼굴 등에 대한 기억력은 가히 천재적이다.

37. 좋지 않는 일은 잘 잊어버린다.

38. 옳지 못한 일은 절대로 그냥 보고 못 넘긴다.

39. 어려운 사람을 도와주는 것을 행복하게 생각한다.

40. 좋을 일이나 가치 있는 일이라는 생각이 들면 즉시 실천에 옮긴다.

41. 얼굴을 젊게 하려고 병원을 가는 것은 물론 마사지나 팩 같은 것은 절대 하지 않는다.

42. 결혼 이후 지금까지 제대로 된 경대를 한 번도 가져본 일이 없다.

43. 물질적 욕심보다는 영적 발전에 관심이 많다.

44. 정신력으로 웬만한 병과 고통은 억눌러 버리는 약간의 초능력이 있다.

45. 아무리 오래된 습관이라도 좋지 않은 것이라고 깨달으면 일시에 끊어버리는 결단력이 있다.

46. 남과의 약속은 물론 가족끼리의 약속도 꼭 지킨다.

47. 자신에 대해 매우 엄격하며 도덕적이다.

48. 생활의 어려움 때문에 눈물 흘리는 일은 거의 없지만 영화나 TV를 보고 감동의 눈물을 곧잘 흘릴 정도로 마음이 여리다.

49. 내 것이라고 따로 챙기는 일이 없다.

50. 나에게는 평생 든든한 후원자이고 모든 가족들에게는 아낌없이 주는 나무와 같다.

내가 사랑하는 사람들

...

1) 아버지

그리운 나의 아버지! 마음속으로 불러만 봐도 나는 목이 메어 눈물이 난다. 이 세상에 태어나게 된 내 존재가 세포에서부터 시작하여 몸과 생각이 자라나는 데 필요한 모든 조건과 환경과 영양분까지 사랑으로 주셨던 내 아버지시다. 아버지 돌아가신 후 지금까지도 그리움에 눈물이 난다. 내가 어릴 때 밥상을 차려 마주 앉아 밥을 같이 먹을 때 맛있는 반찬을 듬뿍 내 밥숟갈에 올려 주시며 많이 먹어라 맛있다 하시고는, 다 먹고 난 후에는 "숙아! 사람의 그릇은 작아서는 안 된다"는 말과 함께 큰 대접에 작은 간장종지를 포개어 비교해 보이시던 아버지. 사람의 마음은 바다와 같이 넓고 깊어야 한다고 가르치시고 소인이 되지 말고 대인이 되어야 한다며 나의 인생길을 큰 길로 인도하신 분이 바로 나의 아버지이다.

"숙아, 남의 일을 봐 주려면 3년 상까지 봐 주거라" 하시던 말씀들을 지금도 나는 지키려고 노력하며 살고 있다. 사업을 하고 계실 때 어려운 분들이 아버지께 의논을 청하면 기꺼이 받아들이시고 말씀을 경청하시는 모습은 진지하며 겸손하셨다. 아버지는 항상 해결 방법을 알아내시고 애쓰시면서 마침내 문제를 풀어내시곤 하셨다.

아버지는 경남 함안군에서 4남매 중에 장남으로 태어나 8세 때 나의 조부모님을 따라 일본 북해도에 이주하셨다. 나에게 집안의 역사를 알아야 한다고 어릴 때부터 많은 이야기를 일러 주셨다. 할머니, 할아버지는 일본 추운 지방에서 열심히 땅을 일구어 농사를 지으셨단다. 4남매의 맏이인 아버지는 당시 초등학교에 다니셨는데 눈이 많은 지방이라 스키를 타고 학교에 가는 멋진 아버지의 모습을 종종 그려 보기도 한다. 그러나 아버지가 14세 되는 해 그만 할아버지가 돌아가시고 말았단다. 할머니는 할아버지의 유해를 모시고 어린 자식 4명과 조선 고향으로 돌아오셔서 집안 선산에 할아버지를 모시고 자식들과 다시 일본 나고야로 가셨단다. 아버지는 그 뒤 철공소에서 선반 기술을 익혀 공장장까지 하셨단다.

아버지는 25세 때 18세의 어머니와 중매로 결혼을 하셨고, 어머니가 첫 아들을 낳았을 때 우리나라가 해방을 맞았다. 할머니는 외할아버지와 외할머니, 이모 세 분과 외삼촌 세 분, 외갓집 사촌식구들과 일가친척들을 모아 대대적으로 해방의 기쁨을 누리며 고향 조선으로 나가야 된다는 설득을 하여 다 같이 한국으로 나오셨단다. 하지만 어머니가 일본에서 돌아오는 도중에 연락선 선상에서 조금 환전한 것 이외에는 가지고 오신 일본돈을 영영 환전하지 못했다고 한다. 그 바람에 우리나라에서 어렵게 사셨다는데 그 가운데 외할머니와 친할머니 두 분은 삼 년 만에 돌아가시고 외할아버지는 어린 자식들과 살 수 없어 일본 땅에 다시 들어가시고 말았다. 결국 아버지는 처가 동생들을 한 식구로 돌봐야 했는데 그런 와중에 이웃에 계셨던 아버지의 7촌 아저씨 초상을 치르시다가 7세 된 아들을 돌보지 못해 폐렴으로 잃어버리게 되어 내가 7남매의 맏이가 된 것이다.

아버지는 시국이 불안정한 시기에 대가족을 먹여 살리기 위해서 고향 함안 농작물들을 어렵게 마산으로 운반하시며 장사를 하신다고 고생하시다가 장티푸스에 걸려 눕고 마셨다. 소문을 들은 아버지 친구의 모친이 찾아오셔서 먹지 못하고 아파 누워 힘이 다 빠지신 아버지에게 쌀죽을 손수 끓여 주시며 자신의 무릎을 베개 삼아 아버지를 누이시고 손수 떠먹이시면서 정성으로 아버지 몸을 추슬러 주셨다. 이후 가족도 많은 사람이 이래서는 안 된다고 하시면서 바로 아버지를 안내하여 마산 어시장에 나가시게 하였다고 한다. 생선을 머리에 이고 함안으로 물물교환식 행상을 하시던 분이시라 가능했던 것이다. 그 후 한국동란에 징병되었다가 기침이 심해서 돌아오시게 되신 아버지는 타고나신 품성으로 성실과 신뢰를 쌓아 마산 어시장에서 점차 사업을 크게 하시게 되었다.

한국전쟁이 일어났던 50년대와 60년대, 먹고 살기 어려웠던 시대를 살면서도 가족들과 주위 분들에게도 풍요로움을 주시던 분이 아버지셨다. 내가 초등학교 2학년 때 큰 기와집을 지으셨고, 넓은 마당에는 온갖 꽃들을 심고 연못에는 수련과 금붕어를 넣어 우리 칠 남매가 놀기 좋게 해마다 집을 다듬어 주시며, 참 교육을 하시면서 보호해 주셨다. 주위의 많은 분들이 특별한 분이라고 우리 아버지를 칭찬하실 때는 어린 나도 기분이 좋았다.

아버지는 나를 많이 칭찬하시면서 키워 주셨다. 큰아이인 나를 잘 키워 놓아야 밑의 동생들이 따라서 영향을 받아 잘 커 나간다는 말을 자주 하시면서 나를 엄하게 지도하셨지만, 세월이 흐른 후에 생각하니 남달리 사람들에게 사랑이 많은 아버지께서는 나를 예우해 주셨고 내 나이보다 성숙하게 대하시며 나의 사고방식을 긍정적으로 키워 주신 것 같다. 너무나 다행으로 생각하며 아버지 어머니께 사랑의 고마움을 깊이, 깊이 드린다. 하느님 저의 아버지와 어머니께 영원한 안식을 주소서….

2) 아들 시원이

어젯밤, 엄마 꿈에 어린아이가 되어 찾아온 우리 아들, 꿈속에서 얼마나 귀엽게 놀던지…. 사랑스런 내 아이, 엄마의 꿈속에서 순수한 아이로서 엄마와 교감하는 내 아들 시원아, 너와 만난 지 35년 반이란 세월이 지났구나!

거슬러 35년 이전, 엄마 나이 24세 겨울에 네가 태어났단다. 먹고 나면 보채는 일 없었던 너였어. 그때 엄마는 어린 애기였던 너만 돌봐주고 키워줬어야 했었는데 엄마의 사정이 어려워 그렇지 못했고, 우리 집 형편과 사정으로 우리의 새 삶은 어렵게 시작하게 된 거야. 의식주 문제를 엄마가 직접 해결하지 않으면 안 되었을 뿐만 아니라 엄마와 애기가 안정되는 기본생활을 할 수 있는 환경이 아예 만들어지지 않았어.

엄마는 너를 굶길 수 없었고 또 가족인 너의 아버지를 굶길 수 없었단다. 성인으로서 알아야 하는 것을 몸으로 배워가며 누구의 도움 없이 스스로 노력하며 살아야 했고 나의 아기였던 너, 아들 시원이는 일을 해야 하는 엄마를 만나 엄마의 돌봄을 제대로 받을 수 없었을 거야, 나 역시 생활고로 인해서 엄마로서만 기능을 할 수 없는 사정 때문에 우리 모두가 어려움을 겪어야만 했던 그런 시기였단다.

세월이 꿈처럼 흘러, 이제 네가 고운 아내 만나서 너도 아들을 낳아 기르는 모습을 보면 네가 아기일 때 엄마가 일일이 돌봐 주지 못한 것이 생각나 마음이 아프단다. 엄마는 네가 어릴 적에 곁에서 교감해 주지 못하고 위험에서 돌봐 주고 같이 놀아 주지 못했지만 너와 며느리는 자식을 키우면서 많이많이 사랑해 주길 바란다. 타고난 품성이 선량한 내 아들 시원아! 미안하다. 엄마가 가정의 경제활동에 매여 있었을 때 어린 네가 하루 종일 엄마를 얼마나 그리워하며 갈망했겠니? 그리고 지난 세월 엄마의 사정이 원만하지 못해서 너를 아프게 했던 모든 것 미안하다. 성숙한 우리 아들아, 용서하고 사랑으로 포용해 다오.

1년 1개월 차이인 네 남동생과 막내 여동생 역시 사정은 마찬가지였단다. 엄마를 "엄마"라고 불러 주던 너희들의 어릴 때 모습이 너무나 그립구나. 어린 너희들과 같이 있던 시간이 짧기도 하였지만 지금 그때로 돌아갈 수 있다면 너무나 귀여웠던 나의 사랑스런 아이들을 마음껏 껴안고 행복해할 텐데. 너희들과 내 모습을 그리며 가끔 지금도 그 시절을 그리워한단다.

어젯밤 37살의 아들이 2~3살 아이의 모습으로 60살 엄마의 꿈속으로 찾아와 단 둘이서 사랑의 교감을 나눌 수 있어서 행복했단다. 관계의 상처는 마음껏 사랑할 수 없을 그때부터 생겨나는 것인 줄 안다. 그땐 어쩌지 못하던 이 어미의 마음이 늘 상해 있었을 거야. 어젯밤 꿈은 나의 무의식일 수 있다. 아니 지금껏 그랬다.

　　　　　　　　맑은 바다에서 긍정의 파도를 타다

3) 아들 슬기

슬기야, 아들 슬기야. 너에게 채워 주지 못하고, 충분하지 못한 부분은 네 형에게 쓴 엄마의 편지내용을 참작해 주길 바란다. 3~4살 때 어릴 적부터 관계를 부드럽게 맺을 줄 알아서 엄마, 아빠에게 초롱초롱한 눈빛으로 다가와서 웃으며 교감했던 너. 아빠가 등촌동 수도국군통합병원에서 척추수술을 하고 누워 있을 때나 엄마가 무언가 괴로워할 때면 어린 네가 "엄마 웃어봐, 아빠 웃어봐"하고 위로할 정도였으니까 사람 사이에 공감능력이 높고 이해심이 많았던 것 같다. 어릴 적 귀엽고 예쁜 너의 모습이 지금도 눈에 선하다. 바쁜 엄마는 가끔 엄마를 유달리 좋아하던 너를 안고 웃었고 가진 것이 없었지만 너희들을 보물처럼 생각하며 행복해했단다.

사랑하는 아들 슬기야!

네가 형제 중에 가정을 제일 먼저 꾸렸기에 어려움도 많았겠지만, 일일이 말하지 않는 너의 깊은 생각을 다 알 수는 없겠지. 그렇지만 네가 엄마와 일정한 교감을 통해서 공감하려고 하는 모습은 아마 관계의 상처 때문일 것이라 생각도 한단다.

슬기야, 몇 년 동안 어려웠던 가정의 모든 것에도 불구하고 네가 불량스럽지 않고 진탕거리지 않으며 살아가는 모습이 엄마의 마음을 안쓰럽게 하지만 고맙다. 어쩌겠니. 인생은 배우고 교감하면서 각자 주체적으로 발전해 나가는 것이다. 엄마 아버지가 만난 우리 아들, 딸이 모두 의식과 지적 수준이 높은 것은 늘 다행으로 생각한다.

인생을 살면서 배우고 발전시켜 나가는 것은 하느님이 만들어 정해 놓으신 프로그램이란다. 너도 알고 있으니 예수님과 성모님, 성인 성녀들의 참 모습을 찾는 노력을 앞으로 예쁜 며느리 현영이와 많이 하길 바란다. 모든 생활을 자연 쪽으로 기울여라. 우리 몸이 자연이기에 자연 속에서 보고 듣고 오관을 열고 열심히 관심을 기울이면 안정이 되고 편하다. 성모님 앞에 촛불 켜고 기도를 해라.

사랑하는 슬기야, 아들아!

슬아와 은이 모두 감성과 교감능력이 풍부한 아이로 키워서 훌륭한 너의 자손이 이어지길 바란다. 인생살이의 사정이 평범하지 않았던 이 엄마를 이해해 주고 속 깊은 네가 정리해서 생각해 주렴. 그리고 엄마가 너의 기억 속에서 아프게 한 것이 있다면 용서 바란다. 인생은 죽는 날까지 겸손해야 하며, 죽는 날까지 배우는 것임을 잊지 말거라.

맑은 바다에서 긍정의 파도를 타다

4) 딸 차미에게

울고 있니? 아파하니? 1974년 6월 29일 네가 태어난 날을 생각하면 엄마도 불쌍해지고 너의 아버지도 불쌍해지고 갓 태어나 울어대던 너도 너무 불쌍해진단다. 인생에는 얼마든지 불가피한 상황과 불가항력이 있을 수 있지만 그날은 그해 석 달 전(1974년 3월 25일 목요일) 너의 아버지가 등촌동 수도국군통합병원에 입원하여 척추수술을 받고 난 뒤, 시간이 지나서 퇴원을 해야하는 바로 그날이었단다. 아직 회복이 되지 않아 눈만 뜨면 아프다고 하고, 용변을 제대로 볼 수 없는 상태로 고무신도 무거워 걸을 수 없는 아버지를 영업용 택시에 억지로 태웠다. 엄마는 3살짜리 애기인 너의 작은오빠와 함께 3개월 반 동안 병원생활을 하느라 사용하던 짐을 챙겨들고 퇴원하는 네 아빠 뒤를 따랐다. 그 모습이 너를 낳던 날 배 아파하는 나의 상황이었지만 사는 게 힘들었다는 말을 하고 싶지 않구나.

그날 너와 엄마가 만난 거야. 그 후 우리 모두가 열심히 살아왔지. 나에게 시간이란 가사일과 돈벌이, 즉 장사하고, 사업하고 그 다음 의식주 해결의 안정을 찾으려고 기도하고 노력하기 위해 사용해야 하는 것이었다. 착한 우리 딸에게 엄마가 항상 제대로 교감해 주지 못한 것이 마음 아플 뿐이야. 네가 교감할 시간도 제대로 없는 엄마와 아버지를 원망할 때도 많았겠지만 세상살이 인생 누구나 100%(에 가까울 정도로) 교감을 나누며 사는 사람은 없을

맑은 바다에서 긍정의 파도를 타다

게다. 단, 어떤 상황에서든 얼마나 공감하고 교감을 나누려고 노력하는 마음이 있느냐가 중요할 뿐이란다.

　사랑하는 내 딸 차미야, 애타하던 차미야, 언젠가 네가 말했지. 엄마, 아빠 그리고 모든 가족이 언제 한자리 같이한 적이 있냐고. 그렇게 생각하는 것은 네가 엄마의 처지를 공감하기 때문이겠지. 너는 항상 일을 하는 엄마가 안쓰러워 좀 편한 상태로 쉬었으면 하는 마음에서 엄마가 너의 집 방바닥에 뒹굴며 여유롭게 쉴 수 있는 시간을 만들어 주고 싶었을 거다. 미안하다. 시간을 내지 못해서⋯. 먹고사는 일에는 너무나 많은 세월이 필요하구나.

　장사 나가는 엄마를 보고 인사를 시키지 않아도 철든 아이같이 "다녀오세요." "갔다 오세요."라며 인사하는 아이였단다. 엄마는 가끔 생각으로나마 너의 어린 시절로 돌아가 본단다. 열악한 주거환경, 집에서 언제 돌아올지 모르는 엄마를 막연하게 기다리는 것이 일과였을 하루하루를 어린 네가 무엇을 생각하고, 어떻게 놀았을지 모르는, 무릎에 앉혀 놓고 짝짜꿍도 못 해준 엄마, 엄마 없는 아이마냥 홀로 앉아 있었을 너를 그려보면 가슴이 미어지기만 한단다. 엄마에게도 아이와 같이하지 못한 상처가 있고 너에게도 제대로 사랑받지 못한 상처가 있을 거야.

　내 딸 차미야, 고운 딸아!

　네가 자라나 교감도가 높아 이해를 많이 해준 것을 엄마가 알고 있다. 또 너의 인격을 엄마는 믿었던 것 같아. 고생 많았던 우리 자식들, 고생 많이 해본 이 어미는 그 고생을 우리 자식들에게는 물려주지 않는 환경을 만들려고 젊은 날부터 용감하게 세상에 뛰어들었단다. 세월이 너무 지났구나. 엄마가 돌봐줄 수 없을 때 작은 소녀의 위장이 나빠졌다고 엄마에게 몇 번 말한 것도 엄마 기억 속에 다 있단다. 엄마와 아빠는 부부로서 살고 있으면서 삶의 우선순위에서도 관계에서도, 구체적인 생활 속에서도 교감을 잘할 수 없었단다.

너의 오빠 둘과 네가 어린 시절 아기 때부터, 아니 배 속에서부터 지속적으로 불안정 상태를 경험하게 된 것은 엄마의 역부족도 있지만 그 당시 우리에게 주어진 불가항력적인 생활환경 때문이기도 했다는 점을 자식 낳고 살아가는 네가 이제 이해해 다오. 공부 많이 하는 우리 딸이 알고 있을 거라 믿어. 나의 부정적 반응이 너를 침해한 양만큼, 내가 기억이 살아있는 날까지 아파할 거야. 부디 어릴 때 엄마가 아프게 한 모든 것 용서하고 마음을 풀어라. 그래야 너도 네 아이들에게 긍정적으로 교감할 수 있을 테니까.

맑은 바다에서 긍정의 파도를 타다

5) 막냇동생의 옷상자 앞에서

내 작은 막냇동생 승민아! 승민아! 이 세상에 없구나, 영원한 곳에 갔구나!

작년 겨울 너를 엄마한테 보내 놓고 너의 옷상자를 열어 보았다. 네가 가진 모든 것이었던 옷상자 하나 속 몇 가지 안 되는 너의 여름, 가을 옷을 하나하나 들춰내어 담배냄새 씻어내고 말려서 쓰지 않는 헌 가방에 하나하나 개어 넣었다. 보잘것없는 너의 소지품 전부를 보면서 이 큰누나는 내 막내아가 너의 생활을 바꾸어 도와주지 못해서 미안하다 하고 혼자 목이 메어 울었지. 지난 몇 년 동안의 어려웠던 너의 생활을 네가 가고 없는 이때 더욱 더 알게 되니 이 누나의 가슴에 슬픔이 파고들어 소리 내어 울고 싶은 현실뿐이구나.

영원 속으로 가버린 동생 막내야, 남은 형, 누나들의 우리 막내야. 네가 세상 살면서 막내로 살면서 얼마나 힘들었니? 엄마와 누나들 그리고 반듯한 너의 형 아래, 네가 너무나 살기 힘들고 어렵다고 너의 목소리, 너의 사정, 너의 메시지를 아무리 말하고 고함쳐도 공감하는 부모형제 없었음을 큰누나는 인정한다. 고귀하고 아름다운 너의 내면의 표현이 전달되지 않아 담배연기를 쏟아내며 자포자기할 때가 많았다고, 이 누나에게 지난 설날 서울 엄마 집에서 전화로 말했었지.

짧은 너의 인생의 한계를 극복할 힘이 없어 술에 인생을 담아

마셔대던 너 막내 승민아. 알코올중독으로 생각하였던 우리들 미안하다. 누나가 도와주질 못해서 너무나 미안하다. 가을바람이 불어오고 공감 교감이 더 높은 이 가을을 나 어떻게 지내야 할지….

막냇동생 승민이 너를 향한 그리움에 온몸이 으악새 되어 낮기운 밤하늘 향해 미리 구슬퍼지는구나! 네가 유치원 다닐 때 이 누나 손잡고 같이 다녔었지. 이 큰누나 열다섯 살 때 네가 태어났기에 나한테 항상 아가 같았다. 너는 친절하고, 싹싹한 아이였고, 근간에 너의 말을 들어보면 힘든 일을 겪으며 스스로 얼마나 이 세상의 진리에 숙연해졌을까 하는 생각도 든다. 정신적인 발달성숙도가 높아지니 다행으로 생각했는데 정작 살 기운은 없는 너를 내 곁에 데려오지 못하고 끝내 보내 버렸구나. 얼마나 굶었니? 얼마나 먹고 싶었니. 끝내 죽어 먹지 못하는 너를, 너를 승민아…. 미안하다. 너무 미안하다. 제대로 사랑해 주지 못해서. 사랑은 생각과 사정을 진실하게 들어주고 수용하여 공감하여야 하는 것인데….

6) 김명숙 동생
왠지 장난이 치고 싶은 동생, 그 이유를 연구해야겠다. 동생의 순수성 때문에 동심이 자극을 받는 것인지? 동생과 연결될 때는 언제나 조금은 내 감정이 업(up) 된다네. 동생은 항상 잘 살면서도 부족한 사람처럼…. 조금 빼면서, 웃을 때는 서로 잘났다고 자기가 최고라고 우기는 현 시대의 모범이라네. 동생, 희한하다. 내 육십 평생 보따리장사 20년에 경제활동 40년, 이사 31번을 하면서 많은 사람들을 만났었지만 동생은 천연기념물이라네. 무공해 품이라네.

7) 이광자 동생

인생은 나그네길 어디서 왔다가 어디로 가는가? 내 나이가 20세 때였다. 어느 날 라디오에서 흘러나오는 노래를 들으면서 살아간다는 것이 무엇인지 모르는 막연함이 인생이라면, 먼 훗날 그때는 어쩌지, 하는 미리 허무한 생각으로 눈물을 짓곤 했다네.

동생 광자, 사랑의 편지를 받아 들고 왜 나는 또 눈물이 나는지 모르겠네. 우리들의 만남은 우연이 아니야. 공감을 나누는 그런 관계인 것인지 아침에 잠깐 피는 호박꽃은 나도 좋아하고 실은 내 남편도 좋아하는 꽃이거든. 그 신선한 생기, 신선한 향이 너무 좋아 어릴 때부터 쪼그리고 앉아 보던 꽃 속에 이른 아침 일찍 찾아온 윙윙거리는 벌이 노는 것도 보며, 그런 평범함이 너무 좋았어. 나 자신이 자연 속에서 평범함을 지니고 싶어 그랬는지도 몰라. 평범함은 편안해.

그런데 동생! 한 장의 종이를 가득 메울 만큼 관찰력이 뛰어나고 그 누구의 마음도 맞출 수 있는 공감대를 갖춘 것이 동생의 감성이라네. 나는 느끼기에 벅차서 눈물이 나는구나. 감동은 이런 것이겠지. 내 머릿속 희열로 엔도르핀이 순간 뇌파를 높여 기분이 업그레이드되네. 동생 이 사람아. 나 너무나 많은 것을 이 세상에서 얻어가는 기분이라네. 고맙네.

8) 강귀래 동생

어떻게 여차여차 해서 얻은 인연이나. 공감할 수 있는 관계는 그냥 지나치지 않으니, 동생과 내가 깊은 인연인 것을 둘 다 앎이 된지 오래된 것 같아. 알고 있지만 글로 쓰고 싶어지네. 젊고 아리따운 나이, 힘이 펄펄할 때 겸손으로 일하고 싶었고 모든 것을 조용히 사랑하고 싶었을 거다. 세월이 가고 또 가고 세상이 변하고 또 변한다 해도 항상 내가 아쉬운 것은 동생이 편히 쉬고 있는 모습이 보고 싶은 것이네. 쉴 수 있도록 도와주지 못하고 푸념만 늘어놓는 것 같아서 마음이 아리고 눈물이 난다네. 머릿속에서 켜지는 센스 등은 꺼질 줄 모르고 이런 저런 사정과 생각 때문에 손발이 계속 움직이고, 몸을 움직이는 건 살아있는 생명력이라지만 문득 멈춰서 모든 일 그냥 두고 놀아라.

9) 유귀자 님

삶의 기쁨, 아름다움, 슬픔, 인내, 고통…. 모든 것을 글로 잘 표현하는 유귀자 님. 나와 명숙 님을 훈훈한 가슴으로 맞아 주고 가슴을 채워 보내 주시던 밤. 귀자 님 살아가는 집 환경, 분위기에 젖다 보니 꼭 잃어버린 고향을 찾은 것 같은 기분이었기에 메마른 가슴이 훈훈하게 채워졌습니다. 고맙습니다.

쉼터를 만들어 주겠다는 마음을 쉼터가 필요치 않았던 사람이 어떻게 알 수 있겠습니까? 잘했습니다. 이제 나이가 들어 나도 교감도가 더 높아져 알 수 있습니다. 귀자 님 살아온 삶과 현재 삶과 미래 삶도 존중할 것입니다. 삶의 과정내용에서 존재가치가 정해지기 때문에 삶의 과정이 아주 중요하지요. 나도 귀자님처럼 부드러워져야 하는 것을 압니다. 나도 부드러움을 배울 겁니다.

10) 수녀님

이모님, 몸 편히 잘 지내시는지 궁금합니다. 안나의 집에도 봄꽃이 만발하고 새들이 노래하겠지요. 일세기에 해당하는 백세 가까이 사신 이모님(수녀님), 진심으로 존경합니다. 건강한 생활은 긍정적인 바탕이 제일 중요한줄 알고 있으니까요. 긍정성은 가장 인간적인 바탕이며 하느님께서 우리들의 살아 있는 생명력으로 시스템하신 것이라고 저는 믿습니다. 이모님의 심성을 느낄 수 있습니다. 더욱 건강하십시오.

오래 오래 기도생활로

오래 오래 친절한 생활로

오래 오래 사랑의 생활로

오래 오래 의지의 생활로

항구하셨습니다.

존경 드립니다.

수녀 이모님, 항상 감사드립니다.

11) 사랑하는 안나 씨

이름을 적으니 눈물부터 나네요. 내가 아는 여성 중에 가장 모범적인 의젓한 안나 씨는 젊은 날 나의 인생의 거울이었습니다. 삶의 조건이 좋지 않아도 이치적 근본에 바탕을 두고 이웃을 둘러보며 마음 쓰고 가진 것 나누며 굳건하게 기도하며 살아내는 안나 씨의 위대함에 힘을 느끼기도 하며 또한 안타까워하면서 삼십 년 세월이 지났습니다. 그때 삼십대이던 우리는 육십대가 되어 버렸네요. 언젠가 안나 씨 앞에는 영광만이 있을 거라고 말했을 때 나도 참 좋았습니다. 고단한 인생살이, 겹겹이 살아가고 지속되는 삶이 세상살이인 것을 이제는 알지 않았습니까? 좋은 사람 안나 씨와 나의 인격적 관계는 정상적인 원활함을 안나 씨가 나에게 베푸는 인간적인 큰 사랑이었음을 나는 압니다. 그동안 너무 고맙습니다.

맑은 바다에서 긍정의 파도를 타다

12) 이옥조 큰숙모님

숙모님의 이미지는 항상 기분이 좋아집니다. 편안합니다. 내가 초등학교 입학 때쯤 어느 날 하얀 눈바람이 나부끼던 저녁 갓 시집온 큰숙모님. 가늘가늘 얌전히 걸음 걸으시던 숙모님 치맛자락 내가 잡고 같이 어디를 갈 때는 뽀얗고 갸름하게 예쁘셨던 얼굴, 불어오는 바람과 분 내음이 언제나 참 좋았습니다.

그러나 키 크신 나의 삼촌. 겉보기엔 핸섬한 인물이지만 한국 동란에 징병되어 총과 폭탄 터지는 전쟁 겪으시고 외상 후 스트레스 장애로 인한 후유증으로 지능과 기능이 제대로 발달되지 못해 어려우셨던 분이지요. 그분과 함께 생활을 꾸리는 것도 힘드셨을 큰숙모님, 아무것도 먹을 것도 없었던 어려웠던 시대, 가사노동과 경제노동을 모두 맡아 손발이 닳고 몸이 으스러지시도록 어려웠던 살림살이, 손자들까지 키우려 공부시키느라 애쓰시고 돌보시고 주시는 것을 마다하지 않으시고 수십 년을 진지하게 모범으로 사셨습니다.

그럼에도 저에게까지 항상 부드럽고 따뜻하고 편하게 대해 주시고 어시장 맛있는 먹거리 삶아서 묵고 가라 하며 싸서 주시기도 하셨습니다. 인생 사시면서 인생 고생을 처절하게 아셨던 큰숙모님은 기업 하나 일으켜 다 같이 먹고 살 수 있도록 하시고 싶다고 말씀하시며 넘치도록 젊은 의욕 가지셨지요. 숙모님 삶을 존경하며 사랑합니다. 세월동안 저를 진실로 대해 주셔서 너무나 감사합니다. 남은 여생, 자식 손자들과 아름답게 표현하시고 화기애애 행복한 삶 사십시오.

13) 송도 이모님

그때 그 시절, 해방 1945년에 나의 외조부님이 어린 자식 6남매와 일본 나고야에서 해방의 기쁨과 희망 안고 조선 조국에 귀향하셨을 때, 이모 겨우 여섯 살. 열 살이 겨우 넘었을 때쯤 나의 외할머니이신 어머니 여의셨지요. 착한 이모님 심성에 한국에서 막 출생한 일곱 번째 막내이모를 얼마나 불쌍하고 가엽게 여기셨을까요? 홀로 남은 외할아버지 살길 없어 돈 벌러 다시 일본 들어가시고, 모두 가난한 시대, 남은 육 남매 이모님 외삼촌들 얼마나 배고팠을까요? 자식들 떼어 놓지 못해 한국으로 돌아오신 외할아버지. 한국동란에 큰아들이신 큰외삼촌이 징병되어 행방불명이 되시니, 끝내 돌아오지 않을 당신의 기둥이신 큰아드님을 그분은 얼마나 우시며 기다리셨을까요? 또 얼마나 애통하셨을까요?

아…! 이모님은 남편 배 떠나보내시던 날 이후 몇 십 년간 남편 없는 빈 공간에서 어떻게 사셨을까요. 자식들 챙기며 가난한 주변 다 둘러보시고 배 채워 주고 물질 나누고, 매일같이 하루 종일 재봉틀 앞에서 일하시며 얼마나 사랑하셨던가요? 아파하셨던가요? 가난한 형제 집에 커 가는 조카들 학교 교복, 밤새워 손수 다

맑은 바다에서 긍정의 파도를 타다

지어 입혀 주시던 이모님 머리 숙여 존경과 감사드립니다. 그래도 명랑 쾌활하신 이모님이 저의 집안에 안 계셨다면 재미가 덜했을 겁니다.

송도 이모님은 대단히 크신 인물이십니다. 73세 이모님, 남은 여생 이모부님과 더욱 행복하시고 자식들과 손자들과 화기애애하게 모두 건강하시고 아름답게 사시길 기도드립니다. 이모님 항상 고맙습니다. 사랑합니다. 이모님.

공유교감 일치소통

...

　나는 평소에 운전하기를 좋아한다. 오늘 오후 4시간 동안 쉬지 않고 계속 운전하며 집에 돌아왔다. 남편은 요즘 눈이 좋지 않아서 고속도로 장거리 운전은 내가 해야 하는 사정이다. 남편은 출발지에서 음식을 먹은지 4시간 정도 지났다. 그런데 나는 8시간이나 못 먹었기 때문에 기운이 떨어지는 차였다. 집에 다 와 갈 때 내 옆에 나란히 앉아 입을 꾹 다물고 앞만 보고 있던 남편에게 집에 가서 밥해서 먹자고 했지만 기분이 편하지가 않았다. 내 마음은 이미 그러고 싶지가 않았다.

　집에 도착하자 남편은 자기 손에 것만 간단하게 들고 내려 현관으로 먼저 들어갔다. 나는 차 안에 있는 짐들을 챙겨 양손에 버겁게 들고 들어와 거실 입구 한쪽에다 모아 두고 우선 조금 쉬어야 될 것 같아서 어두운 나의 방 침대에 누워 버렸다. 창밖에서 불빛이 새어들고 있는 걸 보니 남편은 그새 건너 사무실에 나가 앉아 불편한 심기로 그냥 컴퓨터를 켜서 보고 있다는 것을 알 수 있었다. 둘 다 뭘 좀 먹어야 하는데….

10분 정도 지나 침대에서 일어나 불도 켜지 않은 방과 거실을 거쳐 현관으로 나가서 옆 건물의 사무실에 문을 열고 컴퓨터를 보고 있는 남편에게 우선 소통을 시도하여 "밥 해서 먹을까요?" 라고 제안했다. 하지만 밥이 먹기 싫다고 남편이 얼굴을 찡그리자 나는 숨을 한번 크게 쉬고 말했다. "밥 먹은 지 8시간, 운전 4시간 계속하고 왔거든" 그러자 컴퓨터 앞에 앉아있던 남편은 바로 자리에서 일어서면서 차 타고 올 때 휴게소에서 무엇이라도 먹지 않고 이제 와서 시비조로 그런다며 투덜댄다. 남편의 얼굴을 보니 이미 기세가 높고 강해져 표정도 거칠다.

딸 집으로 출발하기 3일 전부터 내가 바깥에서 볼일을 보고 한 시간 늦게 집에 들어왔다는 이유로 내내 몇 시간을 운전을 하는 내 옆에서 입을 꾹 다물고 있던 이해 없고 너그러움이 없는 남편에게 불만이었고, 올 때도 마찬가지로 말 한마디 없이 같이 오는 남편이 편하지 않아서 나도 기분이 좋을 리가 없었다. 그리고 내가 인스턴트식품을 좋아하지 않는 것은 남편도 잘 알고 있다. 나는 배만 불리려고 인스턴트식품식품 같은 것을 쉽게 먹지 않는다. 그런데 지금 이 상황에서 남편 반응이 문제다. 이럴 때 내 머릿속의 이성보다 본능적인 몸의 반응이 먼저 일어나기에 상대의 반응에 민감해진다. 45년째 살고 있는 남편이지만 말이다. 언제나 그랬듯이….

그래도 요즘은 나에 대한 배려를 많이 하고 관계 개선 노력도 하니까 소통이 많이 되었었는데 나는 이 순간 믿음이 무너져 깨어지고 눌렸던 기세가 달아오른다. 생활 속에서 의사소통이 안 되는 남편이 너무나 갑갑했다. 상황이 안 좋을 때일수록 언제나 남편의 반응 기제는 순식간에 공격태세로 돌변한다. 아내인 나를 공격대상으로 여기는 남편에게 그래도 지금 이 순간 나의 몸 사정을 설명하며 소통을 원활하게 하여 상황에 맞는 대처를 하려고 노력한다. 그러나 아주 짧은 순간 동안엔 강한 기세로 남편의 공격이 느껴져 나도 억울한 마음이 분노로 변한다.

아! 남편과 소통이 안 될 때, 기가 막혀 풀지 못하던 사연들은 언제나 내 머리 속에 걸려 있다. 사정 설명을 들으면 이해하고 같이 생활을 하는 남편이어야 하는데 분노로 상황을 주도하고 거기다가 모질게 궤변, 폭언을 서슴지 않으니 나는 언제나 역부족이다. 신뢰가 또 깨어지고 둘은 서로 부정반응을 하며 분노만 강세되어 차오른다. 계속 열나게 말하면서 사무실에서 어두운 마당 쪽으로 나가는 남편을 뒤따라 큰 소리 화난 소리로 설명을 하다가 더욱더 억울한 상태가 되는 나를 주체할 수 없어 순간 발길을 돌리고 말았다. 어두운 현관을 거쳐 거실에 들어와 거실 소파에 앉는 순

맑은 바다에서 긍정의 파도를 타다

간 난 오른손으로 왼쪽 가슴을, 왼손으로 오른쪽 가슴을 쉴 사이 없이 치기 시작했다. 마치 원숭이가 가슴을 치는 꼴로 말이다.

오늘 밤도 열 번, 스무 번 소통을 시도하다가 또 막히는 이 가슴이 너무나 답답해서 터져 죽고 싶은 심정이다. 한참을 신음하면서 치고 있는 내 곁에 다가온 남편은 이제 이 상황을 심상치 않게 받아들이고 차라리 자기를 치란다. 그러나 나는 눈을 감고 계속 반복했다. 나의 상황 설명이나 생활 이야기는 남편 가슴에 45년 지나온 세월 동안 단 한 번도 그냥 쉽게 전달되지 않는다. 소통을 못 한 상태의 나는 불통된 분노를 그렇게 표현하고 있었다. 내가 힘 빠져 지칠 때까지…. 그렇게 힘이 다 빠질 때서야 스스로를 누그러뜨려 잠들 수 있었다. 밤이 깊어 몇 시인지 모르겠다. 남편은 공격태세로 무슨 말을 계속하면서 쌀을 씻는 것 같았다.

그렇게 다음 날 8월 16일 아침이 되었다. 의식이 들어오는 순간 가슴과 어깨는 무겁고 아팠다. 어젯밤 일어난 일들이 다가온다. 뇌 속에서 센스 등이 밝게 켜지고 강한 기억들이 살아 올라와 긴 세월의 가로등으로 다가온다. 45년이 지나도록 언제나 가정 일을 나한테 그냥 전부 맡겨 두고 바깥 사회 일에만 몰입해서 열중한 이 남편은 가정상황이 어려울 때일수록 설명을 하는 나에게 오히려 기세를 올려 공격 표적으로 삼는다. 순식간에 말이다.
우리의 삶이 어디 좋은 일만 있나? 정치나 사회문제로 의사소통이 안 되는 정도라면 나도 이해하는 사람이지만, 집안사정이 좋지 않아 어려울 때는 일은 내가 다 하더라도 남편과 상황소통이 필요했다. 그러나 남편은 소통을 멀리하였다. 그래서 계속 이렇게 살아왔다. 때로는 나는 내가 불쌍해서 목 놓아 울 때도 있었다. 어젯밤 소통이 되지 못한 양쪽 가슴에 온통 피멍을 스스로 들인 나의 모습을 남기고 기록하고 싶어 남편에게 카메라를 주면서 사진을 찍어달라고 했다. 그런데 웬일인지 남편이 쉽게 응해 주었다. 옛날 같았으면 어림없을 것인데 덕택에 소통을 주제로 기록하는 사진을 남길 생각이다.

그래도 지금 내 말을 들어주어 다행이다. 남편에게 고마운 마음이 생긴다. 언제부턴가 나는 소통되지 않을 때는 있었던 일들을 사실대로 기록하는 습관이 생겼다. 날마다 바쁜 나는 이 글들을 정리해서 남편과 정상소통을 하며 세상과도 소통하고 싶었는지 모른다. 가정생활관 옆에 있는 식품가공공장 사업장에선 아침에 출근한 큰아들, 작은아들 둘이서 사무실 업무를 챙기고 있다. 남편은 냉장고에 들어 있던 토티아(발효되지 않은 얇은 밀빵)를 구워 치즈를 끼우고 미숫가루를 타서 나에게 아침식사를 준비해 주었다. 그리고 자기 사무실이 있는 시내로 차를 운전해 나갔다.

이제 1년 정도가 되었을까? 남편은 일과가 많은 나를 적극적으로 돕는 방식으로 설거지와 간단한 아침식사 대용식 준비를 한다고 했는데 그나마 빠질 때가 많다. 어제의 일로 힘이 빠져 기력

맑은 바다에서 긍정의 파도를 타다

이 떨어져 다운이 된 나는 1941년생 바버라 에렌라이크의 『긍정의 배신』을 일독하고 있었다. 읽고 싶었던 책을 손에 들면 책 속 내용에 대한 기대 때문에 언제나 내 두뇌 속 화학물질이 나의 상태를 아주 좋게 만들어 준다.

책을 읽으며 생각하다가 어젯밤 무의식적으로 일어난 본능적 소통을 위한 나의 행동원리를 깨닫고 나니 정리가 되어 기분은 괜찮아졌다. 나는 그 긴 세월 속에서 남편에게 정상소통을 원하였고 지난날 정상소통이 안 되어 불통이 되면서 죽을 것만 같은 상태의 내가 자꾸만 떠올랐다. 나를 이해하고 위로하면서 책을 계속 읽었다. 하루 종일 밥알 하나 먹지 않았다. 낮엔 사과를 꿀과 삶아 놓은 것과 복숭아 삶은 것을 믹서에 갈아 마시는 정도로 지냈다. 밤엔 남편이 돌아와 밥 먹었냐고 물어 주었다. 당시는 먹고 싶지도 않았지만 평소에도 나는 밤에는 잘 먹지 않는 편이다.

8월 17일 아침 일어나 보니 기분이 정상이다. 나의 두뇌 속 정보그물망 뉴런의 정상회로 작동으로 생각이 정리되고 안정되어 있었기 때문이다. 큰아들은 사무실 업무를 보고, 작은아들은 오늘부터 여름휴가다. 나는 큰아들을 불러 공감대를 넓혀 교감하고 싶어서 대화를 시작했다. 부모를 잘 알고 있는 아들은 어느새 두뇌뉴런을 많이 발달시켜 업그레이드되어 있었다. 직관으로 전·후의 상황 이해를 잘 해주면서 나의 속사정을 확인해 준다. 가족관계는 서로 연결되어 있는 만큼 자신도 어려웠지만 어려움을 성찰의 동기부여로 삼아서 자신이 나아가는 계기가 됐었다고 했다. 나는 42세인 큰아들을 칭찬하면서 처음으로 아들한테 부담 주지 않을 만큼 기대를 하고 싶다고 말한 후 덕택에 힘을 느낀다는 고마움을 전했다. 큰아들도 흔쾌해하면서 머릿속이 명쾌해져야 무슨 일이든지 할 수 있는 준비상태가 된다고 말했다. 성장되어 가는 아들을 응원한다고 격려했다. 아침에 내가 쌀죽을 끓여 큰 대접에 먹고, 낮에는 열무김치 된장비빔을 고기 한 토막과 먹고 나니 빈속이 좀 찼다.

토론회를 마치고 저녁에 돌아온 남편은 괜찮으냐고 안녕을 물었다. 이틀 동안 있었던 일을 정리된 생각으로 전달하고 싶었다. 시원하게 샤워를 한 나는 기분도 정상이었다. 내가 서로 간의 이해를 위해 소통이 안 되어 45년 동안의 세월 속에서 충돌했을 때의 상태를 꺼내는 순간, 남편은 "아, 이렇게 하면 나는 견딜 수 없어, 나를 갉아서 못 살게 할 거냐? 지금은 안 되겠다" 하고 다급하게 또 어두운 현관을 빠져나가 마당으로 나간다. 그렇게 나오는 남편의 반응으로 나는 또 다시 단절감이 심화되어 가고 금세 악화되어 가는 내 몸의 반응을 느끼기 때문에 힘들게 된다.

남편은 상황을 그냥 피하는 게 아니다. 심한 말을 계속하면서 피하기 때문에 소외감과 분리감과 단절감을 일으켜 불통으로 분노한 내 몸의 반응이 나를 또 고통으로 지배한다. 또다시 기분이 편하지 않지만 다 된 밥에 코 흘리기가 싫어서 보던 책을 다시 한 시간 두 시간 읽다가~ 아! 순간 뇌 속 뉴런이 한 줄 자라나고 내 몸의 세포들이 바로메타의 필을 잡았다. 내 남편은 교감장애를 가진 사람이었다고 확신이 되는 순간 또 다시 갑갑해 오던 가슴이 오히려 열렸다. 알게 되면 이해 가능하니까, 이해되면 뉴런 끄트머리에 걸려 부아가 생기지 않기 때문이다. 맞다! 45년! 일만 하는 아내인 나에게 오히려 트집을 잡아 방해하였고 내가 어려우면 교감을 하기 싫어하는 남편과의 소통은 애시당초 안 되는 것이었다.

울어야 하는 현실인데도 이제 막 알게 된 진실에 나는 약간 들떠 있었다. 마당에서 돌아와 자기 방에서 잠들어 있을 남편 가슴을 한번 쓸어주고 싶은 심정이었는데 밤이 깊어 그러지 않았다. 조금 있으니 심기가 불편한 남편이 거실로 나와 구부정한 모습으로 배가 아파 설사를 했다면서 나에게 괜찮으냐고 말을 걸었다.

남편은 평소에는 대상이 누구라도 설득력과 번쩍이는 카리스마가 있어 대단하다고 알려져 있으며 주변에서 직접적으로 관계하는 많은 사람들에게 인품이 훌륭하다는 말을 들으며 언어지능이 천재적이다. 나와도 평상심일 때는 매우 인격적이지만 상황이 좋지 않으면 말도 잘 못하고 하는 말이라곤 가정의 사정을 다 짊어지고 사는 나에게 상처만 남긴다. 도저히 이해할 수 없었지만 부부 사이로 이혼을 하는 것이 사는 것보다 더 어려워 그냥 살아왔는데 오늘밤에서야 교감장애였다는 것을 확실하게 알게 되었다. 거실에서 배가 아프다는 남편을 보고 말을 시작했다.

"나는 이제야 알았습니다. 당신이 나에게는 상황에 따라서 교감을 못 하는 것 같은데~요, 교감장애가 있는 것 같은데요…"(가정생활이 바쁜 나의 사정이나 상황설명은 절대 금물이다.)

지금 이 순간 그토록 긴 세월을 불통 속에서 살며 어려울 때일수록 반응기세가 극도로 올라가 몰아붙이던 남편의 폭력이 나를 얼마나 상처입혔는지, 그 원인이 무엇인지 알게 되어 울어야 하는데 방금 알게 된 사실로 오히려 좀 들떠 있다고 하니, 남편은 "언제나 나는 당신께 부족했다. 다 나의 잘못이다"라는 말을 반복했다. 나는 이제 알게 되었으니 지금부터라도 나를 억제시키고 참을 수 있도록 노력하겠지만 한 가지 조건으로 이 순간 아내인 내 앞에서 교감장애가 있다는 것을 당신이 인정해 주면 좋겠다고 제의했다. 그러자 남편은 나에게 다가와 "미안하다 여보. 내가 당신에게는 늘 부족했다."고 말했다. 그래, 몇 년 전부터는 평상심일 때는 고맙다, 미안하다는 말을 자주 하였다. 나쁜 상황에서만 교감이 막힌다. "여보! 당신과 내가 나쁜 것만 있는 것이 아니

맑은 바다에서 긍정의 파도를 타다

고 좋은 것도 많으니 그것만 기억했으면 좋겠다."고 남편은 나에게 말했다. 아, 남편은 인식기능으로는 나를 잘 알고 있었구나.

1967년 5월 12일부터 2011년 8월 17일까지의 긴 세월 동안 나의 사정이 어려울 때일수록 나와 교감을 할 수 없었던 남편은 내 곁에서 항상 멀리 있었다. 나를 만나기 전에 국가는 해병대에 소속된 내 남편을 베트남 전쟁에 파견시켰다. 그리고 짜빈동 전투에서 젊은 청년은 전쟁터에서 터지는 폭탄 속에서 위태로운 극한상황에 몰려 뇌에 비상 센스가 켜지고 압력을 받아 그 세포반응이 몸에 기억, 저장되게 되었다. 이것이 관계를 맺다가 압력이 강한 기세로 일어나게 되면 폭력으로 되살아나 자신도 나도, 그리고 자식들도 괴롭고 힘들게 살아오게 한 원인이 되었던 것이다.

국가의 폭력에 의해 반응 체계가 깨지고, 부정적 전쟁 기억들로 인해서 외상 후 스트레스 불안장애를 가졌던 남편! 나의 남편은 22세에 불가항력으로 치열했던 베트남 짜빈동 전투를 치러야만 했던 전쟁 피해자였다.

남편과 나, 위기와 화해

...

1) 위기(나의 편지)

2003년 7월 12일 7시 30분

발신: 마산시 구산면 마전리 111-3 이현숙

수신: 열린사회희망연대

세상에 이런 일이 있어요. 〈전쟁과 평화〉 가정 안에서.

현재 우리 가족사항은 김차미(딸), 김규훈(사위), 김지원(손자), 김슬기(작은아들), 최현영(며느리), 김슬아(손녀), 김은(손자), 김시원(큰아들), 배분숙(며느리), 이현숙(본인) 57세.

김영만(남편) 59세 → 집안 장손

김요용(시아버지) 80세, 시어머니(사망)

나와 남편은 만나 결혼하여 가정이라는 소공동체를 만들었지요. 가정을 운영하는 데 필요한 모든 것은 정신적인 것까지도 구성원 개인의 역할에 맞추어 노력을 다 같이 꾸준히 해야 합니다. 인간의 기본 도리부터 시작하여 가정 공동체 안에서 질 좋은 삶을 위하여 일하고 애쓰면서 힘든 일도 마다하지 않고 사는 게 가족에 대한 사랑의 표현이며, 나눔이지요. 가정정의가 세워지지요. 그래야 다 같이 가족의 행복을 추구할 수 있습니다.

우리 집은 지금은 아들 2명, 딸 1명 삼남매는 결혼을 하고 분가했지만 아들 두 명과 공동으로 경제활동을 하면서 동시에 개별 가정으로 살고 있지요. 남편도 일방적으로 우기는 습성이 너무 힘든 관계로 지금은 아버지와 분가해서 살고 있지요. 이렇게 세월이 흐를 때까지는 나는 가정경제가 안정이 되면(안정이 중요함) 가족이 다 같이 행복할 수 있을 것이란 신념과 타고난 부지런함으로 가정 안에서 어느 곳, 어떤 일에나 나 자신을 써먹는 것을 제일 믿을 수 있는 일꾼이었습니다.

그동안 남편은 게으르고 자기 역할이 제대로 없었습니다. 자기 질서와 가정의 의무와 책임과 나눔은 없었고 처자식에게는 자신에 대한 도리와 권리만을 항상 강도 높게 주장했지요. 폭력적이었습니다. 그리고 이제 남편은 바깥 사회운동권의 일을 최우선시하고 가정을 버렸습니다. 가족을 버렸습니다. 그리고 나를 비방,

중상모략 했습니다. 억울합니다. 우리 가족은 분노합니다. 이 가정문제가 왜 운동권 희망연대에 관계가 있나 생각하는 사람도 있겠지만, 남편의 운동권에서의 역할 때문에 우리 가정은 보편적 가정과 달리 떠맡은 무게가 컸습니다. 평상시 남편이 운동 관련으로 어떤 손님을 데리고 오면 저는 편안히 성의껏 대접했지요. 근간에 남편의 비방이 심해지면서 측근자들의 연락도 단절되었습니다. 나는 일반 상식으로 이해가 되지 않는 점들을 그동안 심정적인 추측으로 생각만 하고 있었지요.

7월 7일 나와 두 아들은 남편의 측근자를 만나서 확인하게 되었습니다. 측근자를 만나 먼저 남편의 일방적인 우리 가족에 대한 부당한 행위를 알리고 사실대로 우리 가족의 정당함도 알리고 싶었지요. 하지만 나의 설명을 막은 측근자는 남편과는 일로서 동지일 뿐 가족과는 아무런 관계가 없다. 가정문제를 왜 우리한테 이야기하느냐, 무슨 말을 하려고 하는지 모르겠다고 말했습니다.

그 말에서 내가 가정 안에서 모든 일들을 도맡아 해온 긴 세월동안, 남편과 이 측근자는 운동권 희망연대 창립 훨씬 이전부터 핵심인물로 같이 붙어 일하면서 쌍둥이보다 더 사고와 정서를 꼭 맞춰 왔다는 것을 알았습니다. 남편 중심의 주변세력은 사회적 성취욕구와 자기실현과 자기행복감을 채워 나가는 데 만족하고 있으며, 그들은 친일파 보수 수구세력보다 더욱더 강한 동지애를 가지고 있다고 느낄 정도였습니다. 그리고 자기 가족을 배타하는

맑은 바다에서 긍정의 파도를 타다

지독한 집단이기주의를 가리고 있었습니다.

이보다 더 무서운 힘은 없지요. 이미 우리 가족은 그들의 적이 었습니다. 그 측근자는 가족의 중요성이나 가족 간의 불화갈등 에 대한 객관성은 전혀 없고, 부정적 사고와 비판적 사고인 자기 중심적 사고로 나를 나무라기까지 하였습니다. 나를 공격하였습 니다. 그 측근자들은 남편과 같이 우리 가족에 대한 적대감을 가 지고 있는 것으로 확인하였습니다. 말의 내용, 말투 또한 남편과 같았습니다. 일에만 몰입한 그들은 자기들에게 편의와 도움을 줄 때는 자기편으로 생각하고 그렇지 않으면 방해자로 매카시즘도 서슴지 않지요.(지난날 그런 일들이 있었지요.) 아….이런 비참함이!!!

긴 세월 남편은 바깥일(운동)을 하면서 가족들을 제일 많이 무 시, 희생, 소외시켰습니다. 그리고 자기합리화와 벤치마킹을 위 해서 가족을 주변 많은 사람들에게 왜곡시키는 죄를 범했습니다. 처와 자식에게는 배신입니다. 운동권 희망연대는 사회 어디서나 인간의 기본 도리를 우선 자성해야 하며, 기본적으로 가정 안에 서 세워야 건강할 수 있습니다. 기본도 하지 않고 사회정의를 세 우겠다고 떠들어대는 사람들의 허구성과 모순을 보면서 운동권 희망연대는 가정 안 직무유기죄의 면죄부영역인가 묻고 싶습니 다. 나는 열린사회 희망연대를 닫힌사회 절망연대라 부르고 싶습 니다. 왜냐하면 우리 가족과 남편의 갈등은 희망연대 내의 남편 의 측근 세력이 남편을 비호하면서, 우리 가족을 적대시함이 문제의 원인이기 때문입니다. 그 힘을 남편은 믿고 있습니다. 인류는 공동운명체입니다. 우리 가족의 문제를 그대로 두면 희망연대는 연대성을 주장하는 단체로서 우리가족에게 연대적 책임이 커집니다.

지금부터 긍정적이고 객관적이고 합리적이고 과학적인 사고로 이 문제에 접근하여 우리가족의 억울함을 풀어 줄 것을 희망연대에 건의합니다. 보편적 사람들은 할 필요도 없고 하지 않아도 되며, 아무 인생에 도움이 되지 않는 불필요한 것들을, 남편을 잘못 만났기 때문에 분석해야 하고, 글을 써야 하는 이 작업이 너무 싫습니다. 그래서 더욱 억울하고 분합니다. 나는 위 사실을 진작 분석할 수 있었지만, 남편의 공적 공로와 운동권 안의 대인관계를 우선시하면서 나의 감정을 억누르며 양보한 것이 이제는 한계를 넘어선 것이지요. 앞으로 나 이현숙은 과학적 심리학을 기초로 의식하기 위해 공부하면서 사람을 더욱더 이해하고 사랑할 수 있도록 매진할 것입니다.

위 글을 희망연대에 우편으로 보내려고 하다가 이혼을 선택, 당신과의 인연의 고리를 끊어 버리려고 한다. 이는 수십 년 세월 동안 당신의 부정적 사고에 나의 긍정적 사고와 행위가 부딪치면서 불꽃이 일어나는 현상이 너무나 힘들고 양도 많아 상처투성이로 망가져 있는 나를 지키며 지금부터라도 회복하고 싶은 자

아 보호본능이다. 가족에 대한 이해도가 낮은 두 사람, 시아버지
와 당신의 강한 부정성이 대를 이어 내려와 침투할까 봐 두렵고
걱정되는 것이 이혼과 결별의 이유 모두다. 더 이상 괴롭히지 마
라, 누구든지 거짓과 진실은 그대로 남는다.

"당신이 처한 상황이 어떠한 것이던 간에 그런 이유는 더 이
상 변명이 될 수 없다. 쉽든 어렵든 나는 당신이 자신과 자신의
가족 그리고 더 나아가 이 세계에 대한 책임, 즉 참된 자아를
실현하는 삶을 살 책임을 갖고 있음을 말하고자 한다. 시간은
계속 흐르고 있다. 만약 당신이 부정적 자아에 갇혀 있다면 앞
으로 다가오는 시간은 모두 헛되이 흘러가 버릴 것이다."

- 필립 맥크로 『자아』 80쪽에서 발췌

2) 위기(남편의 편지)

2003. 8. 11. 9시 이현숙

남편이 나에게 전해 주었던 편지

우리는 현재 별거 중인 부부이다. 두 사람이 한 집에 같이 사는 것보다 서로 각자 헤어져 사는 것이 훨씬 낫겠다는 판단에서 별거를 하게 되기까지는 많은 사연이 있었다. 그러나 우리 두 사람이 가지고 있는 별거의 동기와 이유는 서로 상당히 다른 것 같다.

그러나 아무리 이런 식의 별거를 한다 해도 별거와 이혼은 법적, 심리적, 사회적 등등의 여러 가지 관계에서 전혀 다른 의미를 갖는다. 따라서 두 사람이 지금 상태에서 이혼을 한다는 것은 별거와는 전혀 다른 차원의 문제로 바뀌게 되는 것이다. 그럼에도 불구하고 두 사람이 동시에 이혼을 갈구한다면 합의가 쉽게 이루어질 수 있지만, 만일 두 사람 중 한 사람은 이혼, 또 한 사람은 현상유지나 재결합을 생각하고 있다면 일은 매우 복잡하게 된다. 이는 이혼을 하는 당사자들 간에 완전히 다른 이해득실의 차이를 만들어 한쪽은 경제적, 심리적, 행동적 측면에서 일방적으로 유리해질 수 있지만 한쪽은 현재보다 훨씬 불리할 수도 있기 때문이다.

이혼을 하는 방법은 여러 가지가 있지만, 그나마 모양새가 좋은 것이 합의 이혼인데, 그것은 바로 이런 총체적인 이해득실의

　　　　　　　　　　　맑은 바다에서 긍정의 파도를 타다

조정이 서로 이루어지는 것이 합의이고 그럴 때 하는 것이 합의 이혼이다. 물론 그런 골치 아픈 조정 없이 폭력, 협박, 사기 등의 방법으로 합의를 끌어낼 수도 있지만, 이런 경우에는 한 인간의 생명이나 사회적 생명을 끊어 버리는 살인적 행위이다. 이혼은 아무래도 이혼을 요구하는 쪽에서 상대방을 이해시키고 설득을 하게 되는 것임에도 불구하고 얼마 전부터 나에게 일방적으로 이혼을 강력히 요구하는 이현숙 씨는 과연 나에게 어떤 방법을 쓰고 있는지 스스로 잘 생각해 보기 바란다.

이혼에 따른 각자의 이해득실과 유, 불리는 두 사람의 현재 조건과 가치관에 따른 그 내용이 천차만별이기 때문에 특별히 주관적 편견을 미리 가질 필요는 없을 것이다. 다만 이혼을 요구하는 쪽과 당하는 쪽 서로가 확인할 것은 확인하고 조정할 것은 조정하는 과정이 나는 꼭 필요하다. 그래서 진정 이혼이 절박하게 필요하다면 더 이상 싸우지 말고 일단 이성적인 대화부터 한번 하자고 요구했던 것이다.

다시 한번 말하지만 이혼은 혼자서 하는 게 아니고 상대방이 있기 때문에 말이 되건 안 되건 상대의 이야기도 한번 들어 주어야 한다고 생각한다. 너도 죽고 나도 죽자고 한다면 나도 어쩔 수 없지만, 그렇지 않다면 서로가 사는 방법을 찾아보기 위해 다시 한 번 대화와 조정이 필요함을 강조한다.

3) 화해(남편의 편지)

남편이 보낸 편지

2003년 9월 태풍 매미가 지난 후에

온 세상을 싹 쓸어 없애버릴 기세로 태풍과 해일이 시가지를 덮친 바로 그 시간, 나는 이번 해일로 많은 사람들이 수몰된 해운플라자 빌딩에서 불과 20~30m 떨어진 곳에서 바닷물이 허리까지 차 올라오는 도로를 헤매고 있었다. 조금 전 핸드폰으로 딸 슬기와 통화하면서 아무 이상이 없다는 말을 거듭 듣기는 했지만 아무리 생각해도 가족들이 거주하는 곳이 평소에도 태풍과 해일로부터 가장 위험한 지역이기 때문에 불안한 생각을 떨쳐 버릴 수가 없어 계속 핸드폰을 쳤지만 연결 상태가 좋지 않았다. 그리고 핸드폰조차 빗물에 흠뻑 젖어 고장이 나 버렸다. 그래서 필사적으로 가족과 통화가 가능한 전화가 있는 곳으로 가야 한다는 한 가지 생각만으로 길 건너편에 있는 남부주차장을 향해 가려고 안간힘을 쓰고 있었던 것이다. 그러나 강물처럼 세차게 밀려오는 바닷물과 내 몸뚱이 하나 정도는 가볍게 날려버릴 강풍에 자꾸만 뒷걸음질만 되풀이하다 끝내는 전봇대를 부여안고 한참을 가쁜 숨만 몰아쉬고 있을 수밖에 없었다.

마치 온 세상이 갈기갈기 찢어지면서 내지르는 비명 같은 바람 소리와 길가에 세워둔 승용차들이 물에 둥둥 뜨기 시작하면서 물

맑은 바다에서 긍정의 파도를 타다

먹은 배선에 이상이 생겨 미친 듯이 울려대는 클랙슨 소리가 사람의 혼을 빼놓았다. 거기에다 주위에 즐비한 상가의 간판들이 바람에 떨어져 종잇장처럼 공중에서 날아다니고 여기저기에서 전선이 끊어져 한쪽 끈을 물속에 담그고 있었다. 죽음의 공포가 확 밀려들었지만 전화기가 있을 것이라고 생각되는 주차장 건물까지 가야 한다는 나의 집념을 꺾지는 못했다.

그런 상태로 바람과 싸우고 있던 나는 태풍도 알 듯 모를 듯한 강약의 리듬이 있음을 알아채게 되어 바람이 아주 짧게 한숨을 돌리는 순간, 젖 먹던 힘까지 다해 길을 건넜다. 그러나 눈길은 분명 남부주차장을 향해 있었는데 몸은 바람과 태풍 때문이었던지 남부주차장이 아닌 바로 옆 건물 계단으로 떠밀리듯이 올라가고 있었다. 이렇게 길 하나를 건너는 데 족히 30분 이상 사투를 벌여야 했다.

그 건물의 계단과 2층에는 이미 수십 명의 시민들이 겁에 질린 몸짓으로 웅성거리며 모여 있었다. 2층에 들어서니 앞을 분간하기 어려울 정도로 실태가 캄캄했지만 누군가가 플래시를 들고 이리저리 비추는 불빛을 따라 주변을 언뜻 살펴보니 대형 PC방인 듯했다. 내가 플래시를 들고 있는 사람에게 다가가 여기에 공중전화가 어디 있느냐고 물어보니 한쪽 구석을 손가락으로 가리켰다. 테이블과 테이블 사이를 손으로 더듬으며 들어가 벽걸이 공중전화를 발견하고 물에 젖은 바지 호주머니에 손을 넣어 동전 몇 개와 라이터를 찾아 불을 켠 뒤, 잠깐 번호판을 확인하고 집으로 전화를 돌리니 운 좋게 전화가 걸렸다.

그러나 전화기를 통해 들려오는 슬기의 목소리는 불과 한 시간도 되기 전에 아무 탈이 없다며 여유롭게 대답하던 때와는 판이하게 몹시 다급했다. "공장에 물이 들어와 가슴까지 차오릅니다. 2층 지붕은 바람에 곧 날아갈 것 같습니다. 아버지는 여기 오지 마세요. 이미 사방이 물바다가 되어 차가 올수도 없습니다." "슬기야! 모든 가족들을 1층과 2층 사이 계단에 대피시켜라. 내 말 알아들었나? 계단 중간에 말이다." "아버지, 119에 전화해 주세요. 여기서는 불통입니다." 집 주변이 온통 물바다가 되었다면 주위에 인가가 없는 우리 집은 완전히 고립된 것이다.

119는 계속 통화 중이었다. 확 밀려드는 절망감을 느끼며 다시 집으로 전화를 걸었지만 공중전화조차 먹통이 되고 말았다. 시내 모든 유선 전화가 두절되는 순간이었다. 맥없이 수화기를 내려놓고 뒤돌아서니 언제 왔는지 두세 사람이 내 등 뒤에 줄을 서 있다가 발을 동동 굴렀다. 그 사이에 누가 켜 놓았는지 촛불 한두 자루가 실내를 흐릿하게 밝히고 있었다. 나는 불안한 표정으로 옹기종기 앉아 핸드폰으로 자신의 가족들에게 통화를 시도하고 있는 한 무리의 아가씨들을 발견하고 다짜고짜 핸드폰 좀 빌리자며

맑은 바다에서 긍정의 파도를 타다

손을 내밀었다. 어느 아가씨가 핸드폰으로도 통화가 불가능하다 며 "혹시 한번 걸어보세요" 하며 건네는 것을 받아들고 시원이와 슬기의 번호를 차례대로 눌러 보았지만 역시 불통이었다.

그래도 나는 남의 핸드폰으로 염치없이 계속 가족들의 번호를 눌러댔다. 만일 기적처럼 잠깐이라도 통화가 된다면 이 말 한마 디는 꼭 해야 된다는 생각으로 속이 탔다. "슬기야! 네 엄마에게 내가 고생 많이 시켜 참 미안하다고 전해다오, 그리고, 그리고, 네 엄마에게 정말…" 이 말은 불과 한두 시간 전까지 상상도 못 했던 말이다.

어쩌면 오늘 밤 우리 가족이 다시는 못 만날 일이 생길지도 모 른다는 불안감에 몸을 떨면서 특히 오랫동안 내 머릿속을 고통스 럽게 짓누르던 아내의 어두운 얼굴은 어느새 해운대 신혼시절 젊 은 새댁의 얼굴이 되어 환히 웃는 모습으로 어두운 유리창에 대 형 흑백 사진처럼 어른거리기 시작했다. 얼마나 시간이 흘렀을 까? 한참을 그렇게 멍하니 창을 응시하던 내 눈앞이 갑자기 환히 밝아지는 듯 하더니 조금 전까지 창 밖 도로를 가득 채웠던 바닷 물이 빠른 속도로 빠져나가는 것이 보였다. 나는 급히 계단을 뛰 어 내려가 이제는 겨우 발목을 적시는 물을 차면서 차를 세워둔 곳을 향해 달려가기 시작했다.

그날 밤, 우리가족은 그렇게 가족으로 다시 만났다. 모두 무사

한 몸으로 다시 만날 수 있다는 것만으로 너무 반갑고 고마웠다. 모두를 꼭 껴안아 보고 싶었지만 어색함이 손길을 멈추게 했다. 그날 밤 우리는 서로가 가족의 소중함을 새삼스럽게 느꼈다. 그 느낌은 천 마디, 만 마디 말을 한다 해도 말로써는 절대로 느낄 수 없는 그런 것이었다. 누가 무어라 해도 나는 우리 가족에게 힘이 될 수 있는 가장이 되어 보는 것이 소원이었다. 그 날 밤 기적처럼 그것이 이루어졌다. 그래 가족은 서로에게 힘이요 희망이었다.

나는 우리가 서로에게 상처를 입혔던 지난날들의 이야기들은 두 번 다시 말하고 싶지 않다. 불필요한 말들은 병균을 잔뜩 묻힌 손톱처럼 우리의 상처를 더욱 키워왔을 따름이다. 상처에서 새살이 돋아나고 있을 때 새삼스럽게 긁어 다시 상처를 덧나게 할 이유가 없다. 상처가 치유될 때 피고름이 나오던 썩은 살이 서서히 새살에 밀려 딱지가 되어 저절로 떨어져 나가듯 우리의 지난 아픈 기억도 망각이라는 딱지가 되어 자연스럽게 떨어져 나가기를 바란다. 우리의 상처가 곪아터지고, 썩고 또 썩어 버린 뒤 몸뚱이 째로 그냥 쓰러져 버리지 않고, 이렇게 새살이 돋아나 다시 살 수 있는 힘을 얻게 된 것은 우리의 상처 깊은 곳에 맑고 고운 빛이 숨어있었기 때문이리라.

맑은 바다에서 긍정의 파도를 타다

4) 화해(나의 마음)

2006. 6.10 오후 5시

남편에게

내 인생은 매일의 하루를 보내면서

일손을 마무리하고 그냥 서 있었을 때

가슴속 가득히 담겨 있는 그리움을 누구에게도 보낼 데 없어

말없이 사방을 빙 둘러보며

언제나 내 곁에 아무도 없는 줄 알지만 기다렸습니다.

당신께서 긴 세월 동안 나를 보는 진실이 없을 때

나는 나에게 진실을 쌓았습니다.

진실로 다가가지 못하는 서러움이

얼마나 길었는지

아 세월이 세월을 가져갔습니다.

나이 60세

아름답던 지난 날

사랑하고 일하려고 태어났지만

하나도 끊어 버리지 못하고

나는 일할 수밖에 없었습니다.

머릿속 생각도 일이요

손발도 일이요
몸도 일이였습니다.
내가 사정 설명이 필요 없이 일하게 된 것은
당신에게 내 진실이 막혀 있다는 생각에
항상 나 혼자였습니다.
당신 눈에는 일만 악착같이 하는 내가
두꺼운 철판같이 강하게 보였어도
내 마음의 창문은 항상 열어 놓았었지요.
언제든지 당신이 들어올 수 있고
내가 나갈 수 있도록
이제 내 진실을 외면하지 마십시오.
나 오늘 죽어도 좋을 진실을.

　나는 이혼하는 것이 완전치 못한 가정을 지키며 사는 것보다도 더 어려웠다. 사회 공공의 인식이 점점 높아져 사회민주 활동에 몰입된 남편을 오랫동안 지켜보다가 누가 해도 우리들의 사회를 위해서 해야 하는데 이왕 이럴 바엔 물고기가 아니라 사람을 낚는 베드로가 되게 해달라고 어느 날부터 하느님께 기도하게 되었다.

　남편 한 사람을 겪으면서 상세하게 이해하기까지는 수십 년 걸렸다. 많은 사람들과 일을 접할 때는 타인의 사정을 배려해야 할 때 마음을 크게 먹고 생각을 많이 하며 상대방에게 공감(커뮤니케이

선)을 할 수 있어야 했다. 특히 남편과는 공감이 어려웠지만 공감 대를 높여가며 발전시켜 나가야 가정을 지켜나갈 수가 있었다.

지난 세월 동안 인생 공부와 시대적 삶과 관계 체험이 많아졌을 때 남편의 인생 프로그램을 알게 되고 이해가 가능했다. 내 남편은 아주 어릴 때부터 눈물이 많은 착한 남자아이였다고 시부모님이 자주 말씀하셨다. 내가 봐도 그렇다. 남편은 착하고 모범생이다. 초등생 어린 나이 때부터 자기가 주도하여 반 친구들과 같이 크리스마스카드를 만들고 쌀을 모아 가난한 친구 집을 찾아가서 전해 준 아이였단다. 그리고 고등학교(마산상고) 때는 헌 옷과 쌀과 돈을 모아 친구 몇 명과 어깨에 메고 해방 후 고국으로 돌아온 재일교포들이 자리 잡고 살고 있었던 부산의 빈민촌에 전달했다.

토요일 오후 차비를 아껴 마산에서 출발해서 걸어서 다음 날 새벽에 부산 구포에 도착했단다. 당시 부산 국제신문에 기사가 실려 학교 마산상고에서 알게 되면서 사회모범 봉사학생으로 받은 장학금도 부모님 몰래 사정이 어려운 친구에게 1년 동안 학비로 내어 주고 그 친구의 사정을 부모님께 알려 숙식을 제공하기 위해 집에서 같이 살도록 하고 무난하게 고등학교를 졸업할 수 있도록 했단다.

학교에서도 모범생이었고, 노래를 잘 불렀고 하모니카를 연주하고 리듬을 타고 휘파람을 부르면 이웃 누나들에게 칭찬받았고 타고난 언어 지능이 높아 웅변을 잘하였지만 누구보다 눈물이 많았다고 하였다. 섬세하면서 여리고 감정 선이 약했지만 감수성이 높아 교감을 하고 사정 전달을 잘 받고, 매우 인간적인, 사회에서도 반듯한 모범생이다.

그러나 사랑하는 아내한테는 살갑게 다가오지 못하는 남편이었다. 부부관계를 극복하지 못한 것이다. 감성은 흐르는 에너지의 기분이다. 감성이 흐르다가 멈추면 답답하게 감정이 쌓인다. 대화로 소통이 되도록 하기 위해서 내가 시도하려고 하면 남편은 궤변으로 묵살하거나 내 곁에서 달아나 버리니까 부부 관계는 감정만 쌓여 악순환 되어 왔다.

어릴 때 착하고 감수성이 높은 아이였던 남편은 힘 있고 강한 남자로 성장하고 싶어 노력을 참 많이 했단다. 몸이 약해 발음이 똑똑하지 않아 국어책을 매일 읽으며 외우고 스스로 강한 모습이 되기 위해 중·고등학생이 되면서 마산 무학산을 뛰어서 오르내리며 체력을 단련하기도 했단다. 그리고 그 뒤에 씩씩한 사나이가 되기 위해 훈련이 강한 해병대에 자원하여 입대하게 되었는데 국가는 그런 그를 1967년 베트남 전쟁에 투입시켰다.

전쟁 속에서 최대치의 부정을 체험하게 된 남편은 수십 년 한국민족의 슬픈 역사와 권력을 쥔 정치인들의 사회 부조리를 바로보게 되어 이는 정치의식이 더욱 높아지는 계기가 되고 바른 역

맑은 바다에서 긍정의 파도를 타다

사의 정의를 위하여 자신이 본능적으로 긍정회복을 할 수 있는 길을 스스로 찾아 나섰다. 그 길은 험난하여 국가보안법과 집회 시위법의 위반으로 구속되고 안기부에 감금되기도 하였지만 언제나 앞장서서 몸 바쳐왔다.

내 남편은 베트남 전쟁으로 인한 시대적 피해자다. 그러나 시대의 한 사람으로서 사회를 바로 세우는 역할을 해 오면서 민주화를 외치다 쓰러져가는 것을 목격하고 "동지여 내가 있다. 그날이 올 때까지" 추모의 노래를 만들어 부르며 더욱 굳건하고 강해져 갔다. 언제나 스스로 힘들게 노력하는 것을 부부로서 수십 년 곁에서 지켜본 내가 잘 알고 있다. 지금은 현 한국사회에서 내가 가장 존경하는 성실하고 충실한 인물이 나의 남편이다.

덧붙여 그동안 사회민주 진보운동권 안에서 같은 시대에 일하면서 내 남편을 이해 못 하고 자기들의 기질 기세대로 도토리 키재기를 하던 사람들에게 한마디 하고 싶다. 나의 남편은 정치 제도권에 들어가 출마하고 출세하기 위한 삶을 살지 않았으니 자신의 수준대로 함부로 생각하고 말하여선 안 된다. 지난날 오해하고 함부로 말을 하였던 사람들과 집단은 정중하게 사과하고 시각을 제대로 하고 이해하기 바란다.

그리고 나와 부부관계로서 어려웠던 불화는 오히려 강한 역풍

이 되어 남편과 나의 긍정의 항로를 바로잡는 큰 힘으로 성장 동력이 됐었다. 이 나이에 남편을 이해, 포용 못 하는 것은 없다. 살아보니 부부는 일심동체가 아니고, 이심이체이지만 때로는 부부로서 서로 사정을 가장 잘 알고 있기 때문에 소통이 가장 잘되는 사이가 되었으며 지금은 같은 관점과 성향으로 정치와 경제와 사회 문화와 예술과 종교적 이론까지 토론하며 이해하는 대화의 상대로 완전하게 합일치를 이룬다.

　다음은 어려서부터 음악과 노래를 좋아했던 남편 김영만이 작곡·작사한 곡이다.

맑은 바다에서 긍정의 파도를 타다

1. 1987년 박종철 고문사건 당시 눈물로 만든 민중가요

〈동지여 내가 있다〉

그날이 올 때까지
그날이 올 때까지
우리의 깃발은 내릴 수 없다
수없이 쓰러져간 동지들이여
외로워 마 서러워 마 우리가 있다
그대 남긴 깃발 들고
나 여기 서 있다

새 날이 올 때까지
새 날이 올 때까지
우리의 깃발은 내릴 수 없다
이름 없이 사라져간 동지들이여
외로워 마 서러워 마 우리가 있다
찢긴 깃발 휘날리며
나 여기 서 있다

2. 마산 인심이 내 인심이라며 나에게 선물한 남편의 곡

〈마산 소이소~~~♪♬♩〉

어제 보고 오늘 봐도
반가운 얼굴~~~♪♬♩
맑은 날도 궂은 날도 한결같은 정
사람 좋아 동무 좋아 이웃이 좋아
어서 어서 오이소 마~~~ 소이소

일 있으나 일 없으나
반가운 사람~~~♪♬♩
왜 오시오 왜 오시오 묻지도 않고
서 마지기 산자락 넓은 품 닮아
그냥 와도 마냥 좋아 마~~~ 소이소

처음 보나 자주 보나
반가운 손님~~~♪♬♩
고향사람 타향사람 가리지 않고
노래 속에 옛 바다는 간 곳 없어도
인심만은 그대로요 마~~~ 소이소

맑은 바다 위에서 긍정의 파도를 타다

꿈 이야기

...

나는 꿈을 잘 꾸지 않는다. 하지만 올해 한국에 온 베르베르 베르나르의 강의를 텔레비전에서 들었는데 펜과 노트를 준비해 놓고 자기 꿈을 적어 보라고 했다. 이에 기억에 남는 꿈이 몇 개 있어 기록해 본다.

첫 꿈은 1974년 6월 29일의 일이다. 나에게 세 번째로 딸아이가 태어난 날이다. 여름 첫 더위였다. 먹을 것이 없어 감자와 밥을 먹고 산후조리도 제대로 못 한 상태로 지냈다. 그러던 어느 날 밤 꿈을 꾸었다.

저 멀리 넓은 들판 끝 시커먼 산과 산 사이 중간에 기차가 칙칙폭폭 시커멓게 연기를 뿜어내면서 앞으로 다가오고 있었다. 넓은 들판엔 빽빽하게 민중이 가득 차 있었는데 엄청난 숫자였다. 서 있는 민중 앞에 박정희 전 대통령이 높은 단상 위에 서서 민중을 향해 연설을 하고 있었다. 그런데 기차가 오면 민중은 치여 죽게

맑은 바다에서 긍정의 파도를 타다

되고 중앙에 선 박정희도 죽는 것이다. 기차는 계속 오고 있다. 기차가 민중을 둘로 가를 텐데…. 나는 너무 걱정이 됐다.

나는 박정희의 연설 단상 뒤에 서 있었다. 그런데 육영수 여사가 자기 옆에 비서인 양 나란히 서 있는 여성을 시켜서 말아 놓은 초석자리를 내 앞에 펴 깔아 놓았다. 그때 육 여사가 초석자리 끝에 서서 나를 향해 큰절을 하는 자세를 취하자 꿈속의 나도 깜짝 놀라서 육 여사 곁으로 다가가 "옛날 같으면 국모이신데 이러시면 안 됩니다." 하고 말렸다. 그러자 그는 나에게 얇고 노란 봉투 하나를 건넸다. 노란 봉투는 안이 비추어 보였는데 까만 글자로 '박정희' 이름 석 자가 뚜렷이 보였다. 옛날 부고장으로 사용하던 얇고 노란 봉투였다.

나하고 무슨 상관이 있나?

1974년 8월 15일 광복절 식장에서 육영수는 총에 맞아 쓰러졌다. 1979년 10월 26일 박정희는 김재규의 총에 맞아 쓰러졌다. 2016년 10월 마지막 토요일부터 광화문에 모여든 국민들은 촛불 들고 박근혜 하야를 외쳤다. 촛불은 전국으로 확산되며 도·시·읍 지방에서 해외동포로까지 이어지고 특검조사에서 더 많은 비리가 드러났다. 결국 이듬해 5월 헌법재판소 판결로 25년 형을 내려졌고 국민 촛불의 힘을 통한 박근혜 퇴진과 구속으로 끝이 났다.

적폐청산과 민주사회건설 경남본부 3.15정신계승 시민단체 연대회의 상임대표 김영만 의장이 나의 남편이다.

두 번째 꿈은 중국과 관련된 꿈이다. 1976년 중국에는 1차 천안문 유혈사태가 있었다. 1989년에는 2차 천안문 유혈사태가 있었다. 나는 1차는 모르고 2차는 알았다. 살기 바쁜 나는 낮에 일을 많이 하기 때문에 일찍 잔다. 어느 날 밤 꿈속 넓은 공간에 둥글고 아주 큰 탁자 앞에 의자가 두 개만 있었다. 한쪽엔 내가 앉아 있었고 또 하나 의자에 누가 앉아 있는지 가만히 보니 사진으로 본 덩샤오핑(등소평)이 인민복 차림으로 앉아 있었다. 개혁개방정책을 펴고 "사회주의는 가난이 아니다."는 그 말이 내 마음에 들었던 덩샤오핑이었다.

나와 단 둘이서 회의를 시작하는데 첫마디로 소원이 뭐냐고 물었다. 한국말도 아니었을 텐데 바로 알아들은 나는 "세계평화입니다."라고 했다. 그는 머리를 계속 끄덕이더니 잠시 후 두 번째 소원이 뭐냐고 또 물었다. 나는 바로 "세계평화입니다"라고 하자 그는 또 머리를 끄덕였다. 잠시 후 세 번째 소원이 뭐냐고 물어보기에 나는 "세계평화입니다." 하고 세 번의 똑같은 답을 했다

나하고 무슨 상관이 있나?

맑은 바다에서 긍정의 파도를 타다

나는 그 옛날 언젠가 중국 노래 예라이샹(夜來香)을 가끔 들은 적이 있었다. 노래 가사는 몰라도 리듬이 싱그럽고 상쾌해서 너무 좋아 원어로 부르고 싶었다. 2008년 새해 첫 일요일, 전날 밤 TV 프로그램 '불후의 명곡'에 출연한 주현미가 '예라이샹'을 불렀다고 했다. 그것을 계기로 하여 남편이 인터넷 검색을 통해 드디어 덩리쥔(등려군)이 부른 '예라이샹'을 들려주었다. 아~ 청아하고 아름다운 이 목소리의 덩리쥔은 이미 세상을 떠난 지 15년이 지난 후였다. 내가 살기 바빠서 살아 있을 때 몰랐던 덩리쥔은 천안문 유혈사태 때 중국 반대시위에 나선 군중들과 함께하며 앞장서서 궐기하였다. 이 때문에 중국의 지도자 덩샤오핑은 중국 내에서 그의 노래와 TV 출연을 금지했다. 이후 덩리쥔은 주변국을 돌며 7개국의 노래를 부르다 93년에 돌연사로 세상을 떠났다. 나는 뒤늦게 알게 된 그를 아쉬워하며 너무나 좋아하게 되었다. 7개 국어를 해야 하는 삶의 시련이 어떠했을까? 마음이 아려온다. 나는 덩리쥔이 부른 중국노래를 원어로 외워 16곡을 부른다.

예라이샹
첨밀밀
월량대표아적심
난망초련적정인
노변야화불요체
단원인장구

동산풍우서산청

소성고사

천음만어

초자상도적막

풍총나리래

하일군재래

해운

흡사니적온유

가여아시분적

스잔나 (홍콩 영화 '리칭'의 노래)

 세 번째 꿈은 90년대 추웠던 어느 겨울밤이었다. 꿈속에서 나
는 학교 교실이었다. 교실 밖 운동장에서 뛰어노는 아이들의 소
리가 교실 안까지 시끄럽다. 몹시 추운 교실 안 난로에 연탄구멍
서너 개만 까무락 남았지만 갈아 넣을 연탄 한 장이 없었다. 그리
고 먹을 것도 없었다. 걱정이 되어 허탈하게 앉아있던 나의 왼쪽
가슴에 구멍이 나서 하얀 연기가 모락모락 올라오고 있는데 하얀
긴 옷을 입은 어느 분이 오셔서 나에게 다가오더니 나와 가까이
마주 앉아 자기 가슴 구멍에서 나오는 하얀 연기를 내 가슴에 대
어 주는데 힘든 상황의 나와 교감하고 같이 괴로워해 주시는 표
정이셨다. 그 표정에 위로가 되었고 안심이 되어 나는 누구시냐
고 물었다. 그 순간 교실 밖 운동장에서 애들과 놀아주고 있던 누

군가를 가브리엘라~! 하고 큰 소리로 천사의 이름을 불렀다.

나하고 무슨 상관이 있나?

내 남편 김영만은 80년 광주항쟁을 바로 알았던 것 같다. 어느날 빨래를 하려고 내어 놓았던 잠바 포켓에 종이가 두툼하게 잡혀 꺼내 보았더니 미국 뉴욕타임지 복사판이 들어 있었다. 같이 들어 있던 "전두환 찢어 죽여라"라고 쓰인 플래카드 사진을 보고 나는 깜짝 놀라서 불에 태워 버렸다. 남편은 평소 교육과 가난으로 사회 소외된 이들에 대한 정의실천에 관심이 많았다. 특히 부당함에 참지 못하여 89년에 참교육을 위한 전국학부모회를 서울 향린교회에서 창립하였으며 참교육에 대한 뜻을 같이하는 학부모들이 전국에서 모였다. 각 지역에 지회를 두게 되면서 조직이 커진 후에도 초대 회장으로서 4년 반 이상을 맡았었다.

80년에 들어와 사회민주운동 폭발로 사람들은 거리로 쏟아져 나왔다. 남편은 82년 국가보안법으로 안기부에 잡혀갔다. 이후 남편은 민주운동경남연합 상임의장을 맡았다. 90년 집시법 위반으로 마산교도소에 구속됐다. 이후 조두남 음악관(지금의 마산음악관) 개관식장에서 황철곤 시장에게 밀가루를 투척한 건으로 2003년 마산교도소에 또 구속됐다. 재판과정에서 남편은 학계, 음악계, 시의원 관계자와 함께 중국 연변의 조두남 활동지역을 찾아가 연변에 살고 계시는 민족주의 교수들과 대대적으로 협력하여 조두남의 친일 증거 현장조사를 하였고 이후 조두남 음악관은 마산음악관으로 간판을 바꾸어 달게 됐다.

1965년 박정희는 우리 젊은 용병 3백만 명을 미국이 전쟁 중인 베트남으로 보냈다. 내 남편 김영만 씨는 1967년 2월 베트남 짜빈동 전장에서 얼굴에 파편을 맞고 거의 죽었다가 3일 후에 살아난 대한민국 해병대 136기다. 내 남편은 2016년 가을 박근혜 퇴진 하야 적폐청산 경남상임의장을 맡았다.

마산 책사랑 설립
민주화 공동 대책위원장
민족통일 민주주의 전국본부 경남본부장
민족통일 민주주의 전국연합
경남연합 의장
김주열 추모사업회 초대회장
열린사회 희망연대 초대회장

네 번째 꿈은 89년 말에 들어서서 내 몸이 점점 더 안 좋아지는 것을 알아차리고 있을 때였다. 꿈속에 아~ 온 천지가 황토 흙 탕물에 잠겼다. 초목은 보이지 않는다. 비바람이 거세게 휘몰아치고 황토 흙물이 바다같이 넘쳤다. 모든 게 흘러가는 군데군데

맑은 바다에서 긍정의 파도를 타다

소용돌이가 맴돈다. 빠져들 것 같았다. 우리 집이 물에 조금씩 잠긴다. 보잘것없는 방 안에는 옛날의 어린 내 동생들이 겁에 질려 몰려 있었고 집 안에 새어 들어오는 거센 바람에 전깃불마저 까무락 흔들리며 금방 꺼질 것 같았다. 내 무릎까지 흙물이 차 오른다. 진퇴양난이었다. 대문이라고 할 만큼 실하지 않는 바깥문이 무너져 겨우 기대고 서 있었고 대문에 덧댄 양철이 센 바람에 찢어져 덜컹거렸다.

그렇게 안절부절못하고 있는데 누군가가 무너지고 기울어져 버린 널따란 대문짝에 무언가 글을 쓴 부적 같은 하얀 종이를 붙여 주고 기도를 하셨다. 안심이 좀 됐다. 나는 너무 고마워서 "누구십니까?" 하고 물었다. 그런데 누가 따라온 모양이다. 큰 소리로 베로니카, 베로니카를 불러 댔다. 부르는 소리에 나는 꿈을 깼다. 성녀 베로니카, 예수님이 무거운 십자가를 지시고 골고다 언덕을 비틀거리며 오르실 때 예수님 얼굴에 흐르는 피땀을 하얀 천으로 닦아주신 성녀 베로니카, 나는 전해 듣고 알고 있었다. 내가 꾼 꿈이 지금도 생생하다. 나는 이런 꿈들을 왜 꾸었는지 모른 채 기도하며 세월을 살았다. 살면서 세상이 차츰 보였다. 일하며 사랑하며 기도하며 명상하며 살아야 하는 것을 알았다.

마지막 다섯 번째 꿈은 우리 집 경제와 남편, 시가족 및 외가족 등 모두의 불안정한 사정으로 인해서 내 마음이 몹시 심란할 때였다. 나는 낮에 일을 많이 하기 때문에 일찍 자고 깊이 자고 일찍 일어난다. 그날 밤도 꿈에 성스러운 공간에서 촛불이 켜진 조금 큰 촛대를 더 성스럽고 안전한 곳에 둘 생각으로 촛불이 꺼질까 봐 조심스럽게 두 손으로 받들고 걸어가고 있었다. 그런데 갑자기 촛불이 평소 기도할 때 앞에 세워둔 파란 망토를 입으신 석고상의 성모님으로 변하면서 고개를 바로 세우시고 뚜렷하게 나를 바로 보시면서 살아 계시는 성모님처럼 방긋이 웃으셨다. 난 깜짝 놀랐다. 꿈속에서 나는 "이렇게 답답한 마음이 언제 풀리겠습니까." 하고 진지하게 물었다. 성모님께서 뚜렷하게 "진달래 피는 4월" 하고 말씀을 하시자, 나는 바로 잠을 깼다.

그때가 추운 겨울 끝자락이었다. 아 이상하다 하늘에서 돈다발이 내려오나? 황당한 생각이었지만 그만큼 지속되는 힘든 현실 생활을 벗어나고 싶은 마음이 간절하였다. 당시 보석을 들고 집집마다 세일즈하고 다니던 나는 길을 걸으며 봄을 기다렸고 봄이 오는 주일미사 제단에 놓이는 진달래와 영산홍을 기다리며 두리번거렸다. 아아! 사월 예수 부활 시기에 부활 기쁨에 이어 생명 에너지를 가득 채워 주시었다.

맑은 바다에서 긍정의 파도를 타다

나의 건강체험과
'맑은바다해초식품'

· · ·

    나는 나이를 먹어가면서 신체에 이상이 생기는 원인에는 음식을 통해서 생겨나는 것이 있으며, 일을 너무 많이 하게 되면 뇌의 센서 등이 촉광을 유지하기 위해서 열을 올리고 몸에 긴장성이 높아져 부하가 걸린다는 것, 반복되는 생활 속에서 피로를 누적시키면 에너지도 고갈되어 몸의 면역성과 기능이 저하된다는 것 등을 알게 되었다. 특히 근육이 뭉치고 뇌에 이상이 생기는 등의 증상을 예방하려면 자신의 체질유형에 맞게 음식을 먹는 것이 가장 중요하다는 것을 50대 중반에 인지하게 되었다. 무엇이든지 많이 먹고 소화를 잘 시키면 된다는 말이 건강에는 제일 무지한 말이었던 셈이다. 먹는다고 소화가 다 되는 것이 아니었으며 오장육부에 따른 소화액에 맞게 먹어야 탈이 생기지 않고 편했다.

    그래서 나의 가족병력과 많은 지인들의 일가족을 통해 개인의 유형별 체질성에 의한 건강을 보면서 오랫동안 연구하여 알아낸 것이 있다. 그것은 바로 체질유형에 따른 체형, 얼굴형, 뇌의 형성, 뇌 용량, 피부, 음성, 그리고 기질의 기세에 의한 성격과 적성에 따라 사회적 역할을 하게 되는 유형이 나누어진다는 사실이다. 물론 차세대에서는 '인간융합다지능'으로 개량되어 다른 유형들이 태어나 더 아름답고 기세조절조율도 잘하는 발달체가 될 수 있으나 자연물체인 우리 몸은 자연물질들로 자신의 건강을 유지해야 하는 것이다.

우리는 먹거리로 생명의 에너지를 매일 발전시켜 지속한다. 기운이 떨어지면 우리 몸은 신호를 알아차리고 자연치유력으로 스스로 회복하기도 한다. 그런데 모든 식품들을 영양학적으로 분석하여 어디에 좋은지 여부와 성질을 가려서 획일적으로 모든 사람들에게 맞추게 되면 개인에 따른 체질성과는 맞지 않게 되어 오래 먹는 것을 통해 체질에 관련된 병에 걸릴 수도 있다. 우리들이 먹을 수 있는 식품들은 종류별들로 너무 다양하다. 하지만 크게 나눠서 동식물과 바다의 해산물, 과일과 나무열매, 견과류와 버섯류와 채소류와 뿌리 등은 먹거리 중에서도 많이 먹도록 권장하고 있다.

밭에서 쉽게 재배하여 매일 먹을 수 있는 푸른 채소의 엽록소는 태양의 광합성 작용으로 생겨난다. 이는 간이 약하고 폐가 강한 체질이 먹어야 하지만 간이 강하고 폐가 약한 체질의 경우 오랫동안 많이 먹게 되면 거꾸로 체질병이 생기게 된다. 이러한 체질의 경우 뿌리류를 일상적으로 먹어 약한 폐 기능을 도와야 한다.

이처럼 체질에 따라서 호흡기가 강하거나 약한 체질성, 소화기가 강하거나 약한 체질, 기타 오장육부의 강약 배열에 따라 필요한 식품이 다르다. 그리고 체질성에 맞는 식사를 하면 맞는 소화액이 분비되어 소화와 흡수도 잘된다. 그래야만 몸에서 독소가 발생되지 않으며 체질에 맞게 몸이 편하고 또한 몸에 에너지가 제대로 발전되어 각자의 기질기세에 따른 흐름의 기세대로 에너지를 쓰며 자신의 역할을 한다.

육류는 무엇이든 다 먹어도 좋은 간이 강하고 폐가 약한 체질이 있지만 체질에 따라 소고기와 돼지고기를 가려먹어야 하는 경우도 있다. 호흡기가 약한 체질과 소화기가 약한 체질의 경우 체질에 따라서 먹어야 한다. 바다의 해초는 미네랄로 구성이 되어 있어 건강한 피를 생성하는 주성분으로 모든 체질에 관계없이 먹어야 하며 생선류와 어패류는 체질에 맞게 먹어야 한다.

우유를 발효한 유산균이 체질에 맞지 않으면 요구르트와 치즈, 버터 같은 식품을 먹지 않는다. 생김치를 좋아하지만 김치 양념으로 사용되는 어패류의 발효 젓갈로 인한 김치의 2차 발효가 싫어서 아예 잘 먹지 않는 사람들도 있다. 모르고 먹을 경우 장에 가스가 쉽게 차서 독한 방귀로 나오게 된다. 이런 사람들은 발효와 초산균의 신맛이 싫어 잘 먹지 않으며 된장도 어릴 때는 먹기 싫어하다가 밥상에 자주 올라오게 되어 익숙해져서 먹게 될 뿐이다.

과일류도 사과, 배, 수박, 토마토를 먹어야 좋은 체질이 있고 견과류와 버섯류도 먹어서 좋은 체질이 따로 있다. 체질에 따른 기질과 기세의 강약으로 표출되는 것이 성격, 성질이며 자기적성이다. 적성에 맞게 일을 하게 되는 것이 사회적인 역할이 된다.

영양분의 흡수와 배설을 하는 몸은 신진대사의 자율기능을 통해 흡수된 미네랄성분이 뼛속 골수에서 매일 건강한 피를 생성한다. 건강한 피는 호르몬을 생성하여 혈관을 따라 조직을 돌면서 영양소, 호르몬, 산소를 공급하고 노폐물과 탄산가스를 거두어 모으는 역할을 하는 한편 식균 작용을 하고 면역항체를 만들어 병으로부터 인체를 보호하는 역할을 맡고 있다. 이와 같이 피는 90일을 주기로 자율적으로 기능하며 우리들 신체는 에너지가 축적되지 않게 노동과 운동으로 제대로 에너지를 사용해야 한다.

건강한 신체는 호흡으로 공기를 마시고 산소를 공급받아 안정된 에너지가 원활하게 움직인다. 서로 간의 관계에서도 각 개체들의 몸속에서 감성의 감정이 완전소통관계순환대사를 통해 안정감의 흐름으로 기분이 편하게 되면 비로소 관계의 연결로 사람들이 다 편한 상태가 될 것이다. 사회생활을 하면서 여러 사람들이 아무거나 잘 먹으면 편하게 느끼지만 자기 몸에 맞게 가려서 먹으면 까다롭다고 생각한다. 모르면 그렇다.

첫째로 제일 중요한 것이 음식을 체질에 맞게 알고 먹어야 한다는 것이다. 자기 신체의 오장육부와 체질에 의한 기질기세를 스스로 공부하여 알고 나면 이해가 많아지고 비로소 관계가 편해진다. 이 모든 것이 대자연 속에 꽉 차 있는 에너지 속에서 개인 관계나 집단관계의 인간들이 상호 작용 반응하는 것이다. 강약의 에너지 전체가 순환으로 조화롭게 질서를 잡아 나가는(완전한 자연 전체 소통 순환대사) 체계적인 과학적 법칙을 지키면 긍정반응의 안정과 편안함이 있다. 모든 유기체는 자체 순환과 관계순환으로 생명이 지켜진다. 그리고 이렇게 순환하는 피의 중요성을 깨닫게 된 나는 '십사일다시마' 가공공장을 창립하였다.

40세에 들면서 일이 더 많아 지고 피로감이 쌓여갔다. 너무 피곤하면 말을 듣는 것도 힘들고 말하는 것은 더욱 힘들었다. 몸에 에너지가 떨어지고 추웠다. 그렇게 밝았던 시력이 급작스럽게 떨어져 길 건너에 붙은 홍보 포스터가 희미해지며 내용이 안 보여 답답했다. 바람이 불면 입술 사이로 스며든 찬바람에 이가 시리고 특히 기억력이 떨어지니 메모를 해야 했는데 메모를 해도 필요한 메모를 어디 했는지 여기저기 뒤져도 찾을 수 없었다. 그렇게 잘 먹고 잘 자고 힘이 있어 날렵했던 나는 감각이 좋은 편이었는데 이렇게 유연성이 떨어지고 몸의 감도도 낮아지니 일상적인 일을 제대로 할 수 없을 뿐만이 아니라 너무 불편해지기 시작했다. 몇 번을 병원에 가서 검진을 하여도 뚜렷한 병명이 나오지 않았다.

처음에는 나이를 먹어서 그런가도 생각했지만 가정경제를 내가 도맡아 해결해야 하고 집에 누워 있을 수 없는 사정에 매여 있었다. 연년생 아들 둘이 군 제대 후 복학하니 막내였던 딸을 더해 세 명이 다 대학을 다녀서 한참 많은 교육비용이 들어가야 하는 시기였기 때문이었다. 그래도 내 몸 사정은 앉아있기조차 너무 힘들었다. 그때 금은 보석방을 운영했는데 손님이 들어오는 입구 문에다 소리 나는 작고 예쁜 종을 달아놓고 진열대 안쪽에 겨우 혼자 누울 수 있는 나무침대를 가져다 놓아 늘상 누워 있을 수밖에 없었다.

그런데 큰아들마저도 아무것도 없는 머리 밑이 가려워 긁고 두통을 호소하였으며 피부는 닭살같이 거칠고 여름밤에 춥다고 이불을 덮고 땀을 흘리기도 하였다. 병원 가서 뇌 사진을 찍고 몇 가지 검사를 하여도 아무 이상이 없으니 의사가 신경성이라고 했다. 그 후에도 통풍으로 발가락 마디가 아프고 요산 평균수치가 정상보다 훨씬 높게 나왔으며 딸은 생리가 없어지고 얼굴이 푸석하며 몸과 손이 약간씩 붓곤 했다.

맑은 바다에서 긍정의 파도를 타다

또한 남편은 심한 변비와 치질로 고생하고 있었고 일시적 고혈압이 심하니 조심하라고 남편의 지인이신 한의사가 찾아와서 당부를 하였다. 나는 지금도 그렇지만 그때도 하기 싫은 돈벌이만 계속해 왔을 뿐 내가 신나게 하고 싶은 일을 뒤로 미루었기 때문에 몸이 그대로 가라앉게 둘 수 없어 강한 의지로 건강에 대한 공부를 하기 시작했다.

『동의보감』, 『약초강목』, 한국의 신약 그리고 공해시대 등 연구를 토대로 시중에 나와 있는 건강 서적들을 샅샅이 찾아보면서 몸보신으로 흔히 먹는 인삼, 녹용, 개소주, 한약을 내내 달고 살아도 별 차이가 없었다. 주변에서 권하던 식이요법으로 초콩과 초계란, 야채즙, 양파와 각종 절임 발효 숙성 3차 식품류를 먹기 시작했다. 푸른 채소와 미역, 된장, 젓갈 쌈장 등으로 반찬을 완전히 바꿨지만 준비에 드는 수고와 시간과 비용만 날로 늘어가고 몸은 회복되지 않았다.

다른 방법이 없었고 주위 분의 안내를 받아 91년부터 카이로프랙틱을 2년간 열심히 하게 되었지만 몸의 통증은 없어지지 않았고 통증 때문에 진통제 약을 먹는 것은 싫었다. 그렇게 생활하던 중에도 늘 기도하는 습관은 놓지 않고 중얼거리곤 했는데 92년도의 어느 날 한순간에 뇌에서 탁! 하고 생각이 연속적으로 떠올랐다. 피가 건강하면 인체의 모든 시스템이 회복되며 다시 몸이 따뜻해지고 힘이 생겨나고 면역력도 높아진다는 것이다. 흔한 상식인 것 같지만 강하게 인지 각인되는 순간 해초가 피를 맑게 한다는 생각이 연결되면서 상식이 뇌에 강하게 자각되었다. 그때부터 관련 연구를 하면서 확신이 되는 대로 바로 실천에 들어갔다.

미역보다 다시마가 미네랄 함량도 높고 잎이 크기 때문에 유해 물질을 씻어내는 데 유리하다. 질 좋은 마른 다시마를 깨끗한 물에 담가 불리며 겉면에 얇게 묻은 진흙이나 모래알, 조개껍질 등 비조물(非藻物)을 솔질하며 씻어 3차례 깨끗이 헹구고 줄에 빨래처럼 널어 말리는 과정도 모자반이나 톳보다 용이하고 유리하였다. 5일간 바싹 말린 후 잘 마른 다시마를 상식으로 먹기 좋고 소화가 잘되도록 잘게 갈아서 제주산 벌꿀을 조금 섞어 치대어 녹두알처럼 작은 알 형태를 만들었다. 벌꿀 수분을 없애기 위해 7일 정도 시간을 두고 말려 밀봉하고 포장하면 상온에서 10년이 되어도 곰팡이가 생기거나 변질이 없었다.

이렇게 먹기 좋게 개발을 하기까지는 시간이 많이 걸렸으나 내가 먹으니 한 달 반 만에 기억력이 회복되어 살아나게 되었다. 하지만 남편은 이를 알고도 내가 먹어보라고 준 다시마를 먹지 않았다. 주변의 여러 지인들에게 좋다는 말을 수없이 들은 후 권유도 받고 하더니 남편은 3년 반 이후에야 하루 두 숟갈씩을 먹기 시작했고 한 달 반쯤 됐을 때 빠졌던 정수리 머리카락이 나기 시

맑은 바다에서 긍정의 파도를 타다

작하니 너무 좋아하기 시작했다.

큰아들은 20대 초반으로 젊으니까 매일 2숟갈을 먹자 일주일 후 빠르게 회복되는 것을 느꼈으며 힘이 생기고 몸에 이상들이 사라지면서 자신감을 찾게 되었다고 한다. 특히 녹즙 2인분씩 몇 달을 매일같이 먹어도 전혀 효과 없었던 통풍 요산 수치가 정상 수치로 내려갔다. 등을 만지면 명주처럼 부드러워져 있었다. 딸은 붓기가 빠져 20세 한참 나이의 피부색으로 좋아지고 생리도 다시 빨간 선홍색으로 정상이 되었다. 나도 47세 나이에 생리가 검고 이틀 지나면 끝나더니 다시 4~5일로 연장되는 것은 물론 선홍색으로 깨끗해지고 온몸 피부가 촉촉해지면서 부드럽고 매끄러워졌다. 이뿐만이 아니라 어느 지인은 빠진 눈썹이 다시 나고 일을 많이 해도 피로감이 없어져 살 것 같다고 하였다. 눈썹뿐 아니라 몸 전체에 빠진 털이 다시 났다고 하는 사람들이 이후에 많아졌다.

나도 다시마가 좋다는 상식 정도만 알고 시작하게 되었지만 정말 생각보다도 더 빨리 신기하게 인체의 전체가 회복될 줄은 정말 몰랐다. 이후 의학사전을 보고 혈액에 대한 공부를 하게 되었고 알고 보니 뼛속 골수에서 매일 생성되는 피는 미네랄이 그 주성분으로 이는 다시마 전체의 주성분이었다. 매일 피를 생성하는 우리 몸은 피가 건강해야 혈액순환이 잘되는 것은 말할 것 없고 혈액이 건강하면 수십 종의 호르몬이 몸속에서 자연 생성된다. 여러 지인들이 혈액검사 결과를 통해 여러 가지 회복되는 정상수치의 결과를 알려 주었다. 인체가 해독하는 자연 치유력으로 인체에 저하된 모든 기능이 쉽게 자연회복된 것이다. 또한 다시마의 알긴산 점액질은 변비 해소를 쉽게 해준다. 이미 이상이 생긴 몸도 가장 적은 비용으로 가장 안전하게 회복되는 것을 확실하게 알게 되면서 피가 건강해지면 몸이 따뜻해지고 힘이 생기며 면역성이 증가한다는 인체 시스템을 인지하게 되었다.

주변에서는 내가 주는 것을 그냥 먹으니 미안하다고 돈을 준다고 했다. 만드는 방법을 일일이 알려 주어도 해 보다가 다시마 가루와 벌꿀 비율이 맞지 않아 한 덩어리로 반죽이 되어 곤란해지는 경우가 많았거니와 힘들어 못 하는 지인들이 모여서 비용을 배분해서 나누어 준 것이다. 이러한 사실이 입소문으로 알려져 자꾸만 확대되자 경기, 서울, 부산에서 제주까지 모르는 사람들에게까지 주문신청이 자꾸만 많아졌다. 이에 따라 주문량도 늘어나서 내 일이 많아졌지만 공해시대에 건강과 사회에 기여를 하면서 보람 있는 사업이 되겠다는 생각으로 창업준비를 하기 시작했다.

'다시마알' 하나의 제조공정이 14일 걸린다는 데에서 착안하여 상품명을 '십사일다시마'로 정하고 식품허가관련 행정 창구를 찾아가서 설명을 했다. 하지만 다시마 최초의 제조방법이라서 과정의 이해와 식품공전에 의한 해석이 어렵고 허가는 자꾸만 늦어져 갔다. 보사부는 일반식품 허가를 원하면 해당 시청에 의뢰하라고 하였고 시청에서는 건강보조식품이라 하여 보사부로 전과시키는 등 힘들었다.

공무원들이 내가 개발한 다시마 제조품을 이해하지 못하는 것 같아 시청 위생과 전 직원 6명에게 15일분씩 주면서 먹은 후 몸의 반응을 체크해 보자고 제의를 했다. 다행히 쉽게 받아들어 주었다. 그렇게 15일마다 방문하였는데 2달 반이 되니 어떤 형태이던 허가할 테니 창업하라고 전화가 왔다. 그때 그 기쁨은 이루 말할 수 없었다. 이미 앞에 17년을 하던 보석장사를 접고 다시마 가공업 시작 준비를 하는 중이었는데 식품허가에 대해서 아무것도 모르는 상태에서 처음 찾아갔던 시 수산과부터 경남도 보건환경연구원까지 여기저기 행정부서를 전전하던 노력이 2년 반 걸렸다.

그때 듣기로는 한 여직원이 내가 건네준 다시마를 고등학생이었던 아들에게 먹였다고 한다. 여드름이 얼굴 전체에 심해서 벌겋게 솟아 피고름이 맺히고 얼굴 내놓기를 싫어했으며 아들이 구역질이 심해서 병원에 가야 하는데 혹시 큰 병인가 두려워서 병원을 못 가고 있었다는 것이다. 마침 내가 준 다시마를 먹고 한 달 지나니 심한 여드름이 사라지고 얼굴에 빛이 나기 시작했다고 했다. 그리고 메스꺼움도 없어지고 소화도 잘된다고 하였다.

이후 본격적인 다시마 사업 시작은 자금과 준비해야 할 것이 많아 모두가 어려웠지만 이미 효과가 주변에 잘 알려져 신나게 일사천리로 진행되어 갔다. 1997년 5월 19일 드디어 마산어시장 앞 합포만 바닷가에 마련하게 된 3층 건물 2층에 식품공전에 맞춘 공장 시설과 기계 준비를 해서 38평 작은 가공공장과 옥상 38평의 말림장을 합쳐 76평의 작업장으로 창업을 하게 되었다. 그리고 1999년 11월 22일에 지금의 마산 구산면 마전 바다 해양관광도로 719번길로 확장 이전하게 되었다.

1998년 '십사일다시마' 상표등록
2001년 제조방법 특허등록번호(0315645)

내가 개발하고 창업하기 전에 먹던 분들이 그로부터 25년이 된 지금도 잡수신다. 이것이 '맑은바다해초식품' '십사일다시마'가 지금까지 이어져 내려오게 된 원동력이다.

손 저림, 입 마름, 손톱이 잘 부러짐, 혹이 잘 생김, 만성 피로, 불면, 기립성 저혈압, 고혈압, 당뇨병, 갑상선 저하 및 항진, 생리통, 스트레스, 가려움증…. 주변을 조금만 둘러보면 질병인지 아닌지 모호한 증상이 많다. 이런 증상들이 심각해질 경우 덩달

맑은 바다에서 긍정의 파도를 타다

아 삶의 질도 떨어지지만 병원에 가도 뾰족한 진단과 치료를 받지 못하는 경우가 부지기수다. 이런 사람은 미네랄(무기질)검사를 받아보면 특정 미네랄이 부족한 경우 이를 보충하는 것만으로 신통하게 낫는 경우가 있다.

미네랄이란 일종의 광물질이며 인체 구성 성분으론 3%밖에 차지하지 않지만 생명현상에선 없어서는 안 될 중요한 물질이다. 대표적인 다량원소로는 칼슘, 인, 칼륨, 유황, 나트륨, 염소, 마그네슘 등이 있고, 미량원소엔 철, 망간, 동, 요오드, 아연, 몰리브덴, 불소 등이 포함된다.

1992년 어느 날, 당시 46세의 나는 골반 뼈가 어그러지고 자꾸만 허리가 휘는 고통에 서 있을 수도 걸을 수도 없었다. 그러나 일요일 미사를 가야 했기에 남편과 아들이 양쪽에서 껴잡아 부축하고 성당에 들어가 미사 시간 내내 앉아서 기도를 했다. '하느님! 예수님! 뼈와 피를 건강하게 해주시면 다시 열심히 일하겠습니다.'

나는 건강이나 의학에는 무지했기에 아무것도 할 엄두를 내지 못하고 그저 아침저녁 기도 때 나의 건강을 위한 기도를 빠트리지 않았다. 날이 갈수록 무너지는 몸은 힘없고 춥고 유연성이 감소하고 면역이 떨어지며 피가 탁한 것이 느껴졌다.

그런데 어느 날, 마치 하느님이 내려주신 지혜처럼 어느 한순간 해초가 피를 맑게 한다는 상식이 내 머릿속에 강열하게 인지되었다. 피의 기능이 내 머릿속을 맴돌았다. 건강한 피는 혈관을 따라 조직을 돌면서 영양소, 호르몬, 산소를 공급하고. 노폐물과 탄산가스를 걷어 모으는 역할을 한다. 또한 병균을 잡아먹는 식균 작용을 할 뿐만 아니라 면역 항체를 만들어 병으로 부터 인체를 보호하는 역할을 맡고 있다. 피가 건강하면 몸이 따뜻하다. 피가 건강하면 몸에 힘이 있다. 피가 건강하면 몸에 면역력이 생긴다. 피가 건강하면 몸에 검은 색소(검버섯, 기미, 오타양 및 오타씨 반점. 주근깨 등)가 침착되지 않는다.

이때의 경험을 토대로 나는 천연 미네랄이 가장 많이 함유된 것이 다시마라는 사실을 연구 끝에 알게 되었다. 위에서 기술하였듯이 끊임없는 연구와 노력으로 '십사일다시마'의 자연 유기제조과정을 개발하고 복용한 후 인체시스템이 회복되었고 시력, 기억력, 사고력, 감지포착도, 감각 유연성까지 완전히 회복되어 건강해졌다.

개발 : 1993년 3월
창업 : 1997년 5월
제조방법 특허 제 0315645 호
맑은바다해초 '십사일다시마'

십사일다시마의 26년 고객이신 이화여자대학교 교수출신
박순경 박사님(92세)과 함께

2장.

전쟁이
남긴 것

나는 베트남전쟁 '간접적 제2의 피해자'
기어코 베트남을 가다

...

하노이에서 다낭까지 가는 길에 전쟁터였던 마을마다 들러 만났던 사람들은 전쟁의 흔적으로 눈이 멀고 팔다리가 잘린 채 아직도 고통을 겪고 있었다. 나는 그냥 눈물만 흘렸다. 말할 수 없는 아픈 마음은 목구멍까지 전쟁을 일으킨 자들에 대한 분노로 차오르고 수십 년 전 전쟁의 참상을 목도하니 살아남은 베트남 사람들을 한국인으로서 위로하기조차 미안한 마음이었다. 문명의 이기가 적은 베트남인들의 이미지와 눈빛은 나의 마음의 눈으로 볼 때 순수함 그대로였다. 그럼에도 불구하고 마을마다 전쟁의 죽음, 무덤들, 위령비, 그 옆에 따이한 해병대 청룡 군인들에 대한 증오비가, 돌로 찍어 판 글씨로 몇 백 명의 양민들을 언제 어떻게 잔인하게 죽였다고 증거하고 하늘을 향해 세워져 있었다.

이 엄청난 부정은 누가 저질러 놓았나? 꽃다운 나이의 우리 청년들에게 군복을 입히고 총칼을 손에 들려서 사람을 죽이는 훈련을 시켜 전쟁터로 끌고 가 인간성을 버릴 수밖에 없도록 강요했다. 호치민시 전쟁박물관에는 미군 한 명, 한국군 한 명의 모형이 유리관 속에 있었다. 베트남 전쟁을 일으킨 주체는 미국의 케네디였고 케네디가 저격당해 죽은 후 존슨이 뒤를 이어 전쟁을 주재했지만 그 당시 미국 맥나마라 국방장관은 후세에 두고두고 말을 할 수 없는 일을 베트남에 저질렀다고 회고하고, 후회 반성한 모양이다.

베트남 실전에 참전했던 용병들에게 사람을 죽여 본 경험과 실제 전투 중에 느낀 극도의 공포, 불안, 초조함의 경험이 머릿속에 각인되고 체화되어 있다면, 평화로운 일상생활로 돌아왔다 하더라도 그 각인된 기억의 반응기세가 아무런 영향을 받지 않고 정상일 수 있을까? 이를 통해 심리과학적인 비정상을 증거할 수 있을 것이다.

베트남 전쟁터로 끌려간 꽃다운 젊은이들의 피와 죽은 베트남인들의 피는 전부 극한 부정성의 결과다. 이 부정성을 일으킨 미국에 우리나라 젊은 청춘의 피를 팔아 달러를 벌었던 유신정권의 독재자 박정희는 제 명대로 못 살고 총 맞아 죽었지만 그렇게 벌어들인 달러의 힘은 커져갔다. 그 돈으로 우리나라 산업부흥 운운하며 박정희를 훌륭한 위인으로 추켜세우는데 베트남에서의 관계에 직접 개입되지 않은 사람들이야 무엇을 알까?

사람은 원래 모르면 무식하고 너무 유식 떨면 교활해진다. 진리의 시스템은 완전한 긍정성이며 긍정은 평범함이다. 대한민국의 왜곡된 민족사는 철학자는 많아도 철학 없는 사회를 만들었다. 뚜렷한 가치관이 제대로 서 있지 않은 지도층을 모방하는 국민들은 양비론을 기반으로 서로 우겨대고 분열되고 있고, 한편으로는 패권주의에 기반하여 남북동서로 편을 가른다. 국가의 빚은 천문학적 숫자로 자꾸 늘어만 가고, 대통령 도둑, 기업가 도둑, 큰 도둑, 작은 도둑이 판치는 도덕적 불감은 물론 삶의 안정과 보장성, 희망이 없는 나라가 사랑하는 조국이라고 생각하면 눈물 난다. 통곡하고 싶다.

지금부터 내가 베트남을 왜 갔는지 말할까 한다. '나와 우리'는 민간 교류를 통해서 베트남 전쟁 후유증의 고통을 위로하고 같이 울면서 함께하는 단체다. 실무자들은 30대 전후 세대로 구성되어 있다. 남편을 통해서 알게 되었고 마침내 베트남을 가 보자고 나에게 제의하였다. 나는 돈벌이를 하지 못하는 남편 때문에 직장과 집을 10일 이상 비운다는 것은 어려운 일이다. 비즈니스로 가는 것이 아니면 절대 내 생활을 벗어나지 않는 사람인데, 고민을 하다가 왠지 사람의 순수성을 찾을 수 있을 것 같은 생각에 베트남을 가게 되었다. 나는 이 세상에서 제일 높은 수준의 가치를 순수성이라고 생각하는 사람이다.

맑은 바다에서 긍정의 파도를 타다

내가 베트남을 가게 된 동기는

...

1967년 5월 12일, 녹색이 짙어지고 꽃향기 어우러지는 봄날, 내가 태어나 살던 고장 시내로 나는 친구랑 친구의 할머니 거울을 사러 시장에 갔다. 그 봄날 밤부터 지금까지 나는 베트남을 잊을 수 없는 사람이 되었다. 내게 베트남은 필연이 되어 버린 것이다. 그날 밤 생전 처음 보는 해병대 아저씨와 공수부대 아저씨, 고등학교 동기생 두 사람을 시가지에서 우연히 만나게 되었다. 서울에서 내려온 공수부대 아저씨가 내 친구랑 연인 사이였고 나랑 해병대 아저씨는 들러리가 되어 버렸는데 그날 밤 23세 청년 해병은 밤 내내 베트남 전쟁에서 사람을 이렇게 죽이고 저렇게 죽이며 머리를 쪼개면 불그레한 골이 피보다 많이 터져 나오고 귀는 자르고 목은 베어 대나무에 꽂아 세워둔다는 이야기로 날을 새웠다.

그는 얼마 전에 베트남 짜빈동 전투에서 죽었다가 귀국하여 사흘 만에 눈을 떴다고 했다. 하지만 나는 전쟁 이야기가 감도 잡히지 않고 알아들을 수도 없었다. 그냥 듣기만 했다. 그러고 헤어졌는데 사흘 후에 해병이 나의 여고 후배인 자기 여동생을 앞세워서 우리 집을 찾아왔다. 마침 전날 밤 제사를 지냈기에 우리 집에서는 그를 대접했다. 우리 집은 손님이 오면 항상 밥상을 차려 대접을 했는데 친정아버지는 거지에게 밥상을 대접하고도 거지의 집 식구 먹을 것을 챙겨 주시는 분이셨고 7남매의 맏이인 내게 맥주를 주시는 등 아주 개방적으로 나를 키워 주셨다.

그날 이후로 이 해병 아저씨는 내가 자기를 좋아한다고 오해했는지 그 후 매일 3~4회 줄기차게 찾아와서 자기가 알고 있는 온갖 지식과 이야기와 그 시대에 유행한 팝송과 칸초네와 샹송을 기타 치며 노래하며 아름답게 시 낭송으로 표현하고 전달했다. 나를 처음 보는 순간부터 베트남 꽁까이(아가씨) 같다고 고백하면서 아오자이를 입은 아름다운 베트남의 아가씨들이 매력적이란다. 연애 한 번 못 해보고 죽을 뻔했다고 말을 하는 이 해병은 본능적으로, 필사적으로 나와 같이 있기를 원했다. 그것은 전쟁으로 인한 공포, 불안, 초조함을 안정시키기 위해서 사람과 일치하려는 본능적인 자기 긍정심리였을 것이다.

그는 그 당시 제대를 앞에 두고 하루라도 빨리 제대를 하려고 애를 썼다. 전쟁에 참전한 부상을 입은 군인들은 원호 심사도 한

맑은 바다에서 긍정의 파도를 타다

달에 한두 번밖에 없어 줄을 서서 받아야 하는데 받지 않았다고 했다. 훗날 그의 이야기로는 끔찍했던 전쟁의 기억을 무조건 잊어버리고 멀어지고 싶었고 원호 대상에게 주어지는 보상은 사람을 죽인 대가로 생각이 됐기 때문에 거부감이 심했다고 한다. 그래서 케이크를 사들고 군의관을 찾아가서 무조건 제대하기 위해서 사정하다시피 했다고 한다. 몇 시간 전까지만 해도 고향의 부모님 이야기를 하면서 비겁하게 싸우다가도 살아서는 용감하게 부모님 곁에 꼭 돌아가야 한다던 친구가 시퍼렇게 죽어 있는 모습들… 생각하기도 싫은 전쟁의 흔적… 지워 버리고 싶었겠지만 뇌 속에는 각인되어있는 충격적인 전장의 참상들이 생생하게 기억에 저장되어 체화되어 버렸을 것이다. 때문에 수십 년간을 자다가도 고통스럽고 두려운 불안장애가 일상이 된다.

그는 제대 뒤에 1계급 특진과 화랑무공훈장이 나왔다는 연락을 받고도 그것을 거부할 정도로 전쟁후유증이 컸다. 문제는 내가 철이 없어 아무것도 모르고 그 해병과 결혼을 했고, 3남매를 키우면서 정상적으로 이해되지 않는 일들을 너무나 많이 겪어야 했던 것이다. 지금까지 아무 보상도 받지 못했다.

나는 결혼하기 전에 조금 광기가 있는 행동을 남자다운 박력으로 이해하면서 그가 인생을 힘 있고 자신 있게 살아갈 줄 알았다. 물론 나의 부모님은 반대가 심하셨다. 나는 정말 바보였다. 지금 내 나이 55세까지 고생을 말할 수 없이 하였다.

결혼하고 얼마 지나지 않아 남편의 감정이 무엇 때문에 그토록 쉽게 상하는지 이해를 할 수 없었고 알아들을 수 없는 트집으로 고생해야만 했다. 우리 가정은 자식이 3명이나 되어도 단칸방 월세 신세인데 남편은 전쟁에서 피를 다 쏟아 수혈을 한 후유증으로 머리부터 발끝까지 가려움이 일어날 때는 방바닥에 누워 마치 새우처럼 튀면서 신음하고 소리 지르는 등 고통이 말이 아니었다. 게다가 하루의 일과는 규칙과 리듬이 없고 무질서했으며 좁은 공간을 어지럽히기만 하고 정리 정돈은 커녕 취침과 기상도 남들과 거꾸로 하면서 자기 식의 규칙이라고 우기며 생활소통이 전혀 안 되었다. 돈을 벌지 못하는 것은 말할 것 없고, 생활비를 벌어야 하는 나를 밖에 못 나가게 할 뿐만 아니라 무슨 일로 감정이 상했는지 화가 나면 아내인 나를 적대시하며 궤변으로 마구 함부로 대하는 남자, 정서가 산만하고 안정을 취하지 못하고 죽을 때까지 마음의 평화를 찾을 가능성이 없을 것 같은 남자가 그였다.

사람은 나이를 먹어 가며 체계적이고 밸런스 있게 가정과 직장을 통해서 사회생활을 하여야 하는데 이 남자는 전쟁으로 인하여 인생의 평범한 생활체계가 전부 깨어져 있었다. 전투 중의 쇼크로 인해서 머릿속의 뇌세포가 치명적으로 손상되고 사고기능의

맑은 바다에서 긍정의 파도를 타다

어딘가에서 파일이 깨어져 날아간 것 같았다. 밖에 나가 사회민주운동권에 몰입하면서 아내와 자식들 사정을 전혀 알지 못하고 가족을 소외시키는 그런 남자가 되어 갔다.

전쟁에 참전한 남편의 머릿속은 평범한 사람들처럼 가정과 인생의 삶을 설계하고 프로그램하는 그림을 제대로 그리지 못하니 그 역시 현실과 미래가 불안하기만 했을 것이다. 젊어서 아직 경험이 없어 뭐가 뭔지 몰랐던 나는 남편과 나의 부부문제 해결과 가정 화합을 위해서 전쟁에 의한 '외상 후 스트레스 불안장애반응' 공부를 할 수밖에 없었다.

살아 보니 이 공부를 이렇게 평생을 잡고 해야 하는 것일 줄 몰랐다. 남편과 지속되는 생활을 통해 몸으로 알게 된 것이 많아지면서 차츰차츰 그를 이해하게 되고 연구하고 자료를 모아 왔다. 그렇게 전쟁의 상처를 가지고 있는 남자들의 심리상태를 분석하면서 혼자서 공부를 많이 하며 남편 역시 이해할 수 있게 되었다. 사람의 몸도 잘려나가 손상된 어느 부분이 그대로 회복되지 않듯이 정신 역시 치명상을 입으면 그 증후군이 평생을 가게 된다.

나에게는 한국전쟁을 겪은 두 삼촌이 계셨다. 특히 작은삼촌께서는 한국전쟁이 끝나고도 집에 돌아오시지 않아 아버지께서 수소문 끝에 맏이인 어린 나와 같이 부산 어느 군부대 정신병원까지 가서 정신착란증으로 입원 중에 있던 삼촌을 찾아 집에 같이 오기도 했다. 그 일은 지금도 나에게 생생한 기억으로 남아 있다.

작은삼촌은 어릴 때부터 그림을 잘 그리셔서 학교 다닐 때 그림으로 상도 많이 탔을 정도였다고 한다. 그 후에도 경제적으로나 심리적으로 안정을 취할 수 있을 때는 사람에 대한 선심은 누구도 못 따를 정도로 인정이 많으셨다. 가끔 그림도 잘 그리셨고 노래 부르기도 좋아하시는 분이셨다. 그런데 술을 마시거나 감정이 상하면 정신을 잃어버리고 마구 고함치고 화를 내며 미친 듯이 살림도구를 부수고 가족들에게 폭력을 휘둘렀다.

어떤 때 삼촌은 여자들이 하는 화장을 새빨갛게 칠하고 한복을 입고 벽에 달린 시계 밑에 가만히 서 계셨다고 한다. 가족들이 그 모습을 보고 놀라 기겁을 할 때도 많았다고 한다. 나와 사촌지간인 삼촌의 큰딸은 어릴 때 자기 아버지 모습을 떠올리면 지금도 눈물이 고인다고 이야기한다. 정신착란 증세의 아버지를 둔 어린 소녀는 이웃 사람들에게 질시당해야 했던 기억들과, 4남매 자식들을 키우느라 고생고생한 자기 어머니를 생각하면 마음의 상처가 많아 목이 메고 눈물을 흘린다. 키가 훤칠하셨던 나의 큰삼촌께서도 생활을 제대로 못 하시고 큰 숙모님이 가정 경제를 도맡아서 하셨는데 엉뚱하게 화를 심하게 내며 폭력이 심하셨다. 불쌍한 두 분 나의 삼촌, 전쟁후유증!!! 아! 불쌍한 가족 일가족의 이 비극은 누가 보상해야 하나?

맑은 바다에서 긍정의 파도를 타다

두 삼촌 때문에 두 숙모님은 엄청 고생을 하셨다. 삼촌은 화가 나면 정상적인 사람의 정신이 아니었기에 경제적인 뒷바라지도 두 삼촌께서 돌아가실 때까지 숙모님들이 자식 키우면서 도맡아 하셨다. 나의 친정아버지는 내가 결혼한 지 45일 후에 돌아가셨지만 당신의 두 제수씨를 항상 불쌍히 여기시고 조그마한 집도 사 주시고 어시장에서 장사도 시키시며 끔찍이 보살펴 주시었다.

전쟁은 국가 간 부정성의 극단적인 표출이다. 부정은 파괴와 분열이며 인간성을 잃어버리게 한다. 부정성을 치유하는 것은 강한 긍정성뿐이다. 다행히 나의 아버지께서 나를 잘 키워 주셔서 나는 사고방식이 매사에 긍정적이었고, 덕택에 첫애를 낳고 천주교에 입교하여 지금까지 하느님의 은혜로 살아온 것이다.

남편은 결혼 후 2001년 8월까지 34년 동안 띄엄띄엄 6년 반 정도 가정경제를 위해 활동을 했다. 직장도 가져 보고 며칠간이지만 공사판 막일도 해 보고, 외판원도 해 봤다. 하지만 결국 자기는 늘 되는 일이 없다고, 네가 잘하니 네가 해라 나는 모르겠다는 식으로 가정에 대한 모든 일을 상실한 사람처럼 말을 하면서 그냥 나에게 떠안겨 버린다. 자식 삼남매를 키워서 대학까지 공부시켜 온 한국의 부모라면 사정 뻔히 다 알겠지만 여자가 결혼 한번 잘못해서 겪는 고생은 말을 다 할 수 없다. 게다가 장손인 남편의 시부모 제사 등 온갖 일을 다 하고 지친 나에게 항상 머리끝까지 화를 내고 욕설하고 상처 주고 원망을 하며 궤변을 늘어놓고는 사회 일에 몰입되어 집에 늦게 들어오거나 안 들어오는 것도 일상이 되어 버렸다.

남편은 사회 일에 완전히 몰입되었다가 한 번씩은 아주 정상적으로 사랑의 손길을 내밀면서 고생시켜 미안하다 사랑한다고 말할 때가 있다. 나에게는 일회용으로 지속이 안 되는 게 단점이다. 나도 남편과 긴 세월 동안 살아오면서 상처가 많고 피해의식이 깊어 그 정도의 위로 가지고는 남편에 대한 마음의 구덩이를 채울 수가 없었다. 일반적으로 원만한 가정을 이룰 수 없었던 우리 집은 거의 모든 일과 짐이 나의 온몸에 지어져 있는 것 같았고 삶의 무게가 나를 압박하여 먹고사는 일에 다 인생을 다 뺏기는 나 자신이 너무 불쌍하고 억울할 때가 많았다. 나의 사정을 전혀 모르는 것 같은 남편인데 또 남들은 나를 어떻게 알겠는가?

나의 아들 두 명이 성장하여 20대 초반의 아름다운 나이에 군인이 되었을 그때 나는 남편을 제일 이해할 수 있었다. 남편은 대학을 들어가 여자같이 부드럽고 여린 마음을 남아답고 강하게 훈련을 받고 싶어서 해병대 입대를 했다는데 불행하게도 베트남 전쟁터까지 가게 된 운명이 되어 버렸던 것이다. 나는 결혼을 하고 전쟁의 후유증이 심하다는 걸 알게 된 후부터는 남편을 이해하기 위해 전쟁 이야기로 엮은 책이나 특히 영화는 나오면 놓치지 않고 봐 왔다. 미국 영화가 제일 많은데 많이 꾸며져 있고 사실적이지 못하다. 실제 전투 중의 군인들은 과연 그렇게 용감할 수 있을까?

스필버그 감독의 〈라이언 일병 구하기〉에서 폭탄이 퍼붓는 중 어느 군인이 자기 팔이 잘려 땅에 떨어졌는데 그 와중에도 잘려 나가 땅바닥에 떨어진 팔을 주워 뛰어가는 장면이 정말 사실적으로 보였던 기억이 난다. 또한 사병 몇 명이 적진의 바로 앞 바위 뒤에서 몸을 숨기고 있는데 뒤에서 지휘 장교가 돌격! 돌격! 아무리 고함을 쳐도 바위 뒤 숨은 사병은 겁나고 무서워서 벌벌 떨고 나가지 않는 장면이 전쟁의 사실적인 모습일 것이다.

1986년 노벨평화상을 받은 『그날 밤』이라는 책을 끝까지 읽어 보았다. 저자인 앨리위젤이 사람을 사랑할 수 있는 마음이 없어져 버리고 현실에 무기력한 사람이 되어 버리는 이야기다. 평화스러운 유태인 마을에서 곱디고운 13살 소년 앨리위젤은 랍비에게 탈무드 공부를 하면서 자기도 커서 랍비가 되겠다는 꿈을 가지고 있었다. 하지만 어느 날 들어온 독일군은 처음에는 미소를 띠면서 대했으나 갈수록 이것저것 지시하고 모이게 하고 딴 게토(ghetto)로 떠나게 하는 등 괴롭힌다. 점점 우리가 잘 알고 있는 제2차 세계대전 전쟁의 비참한 중심 속에서 공포와 굶주림은 물론 차마 사람으로 죽기보다 어려운 것들을 아우츠비츠 수용수에서 목격하고 겪어 내면서 앨리위젤은 자기가 믿는 하느님은 목 매달려 죽어 버렸다고 생각하게 되고 서서히 사랑을 잃어버리는 사람으로 변한다. 내가 보기에 앨리위젤은 불쌍하게도 사랑을 할 수도 받을 수도 없는 사람이다. 전쟁이란 사람을 그렇게 만들어 버린다.

가정생활 일체를 직무유기한 것은 나의 남편인 이 불쌍한 남자가 전쟁후유증으로 외상 후 스트레스 장애가 심했기 때문이기에 나 또한 일생을 베트남전쟁 제2의 피해자로 생각한 지 오래다. 누가 내 남편, 나의 자식들의 아버지를 이렇게 만들었나? 이 피해보상을 정부에 청구할 수 있는 수속을 어떤 것이든 나는 시작할 것이다. 실전에서 전투경험이 있는 남편을 둔 아내들이여, 이제는 말하라. 겁내지 말고 말하시오. 우리 모여 살아오면서 지난 일 말 못 하는 가슴을 열고 고생한 이야기 좀 합시다. 전쟁을 일으킨 자가 전쟁에 왜 참전하지 않고 자기 자식들도 총과 화약을 들게 하지 않는지 만나서 나의 두 눈으로 똑똑히 보고 싶다. 그 당시 사령관인 채명신도 만나 보자.

2001년 7월 베트남 전쟁터를 찾아가다 (참전군인가족 NGO)

맑은 바다에서 긍정의 파도를 타다

전쟁을 겪은 사람들의 삶

...

    전쟁의 경험은 한 사람의 머릿속에 인생의 체험 중 어느 것보다 진하게 각인되어 버리며 그의 무의식 속에까지 파고들게 된다. 일반적 사람보다 자기보호본능이 매우 강해져 반발이 심하고 그래서 화가 나면 언행의 강도가 높다. 일반적으로 누구든지 감정이 상하거나 힘든 상황에서는 피해심리와 보상심리가 생긴다. 전쟁후유증이 있는 사람들은 특히 관계가 가까운 가족들을 대하는 과정에서 조금만 감정이 상해도 정상적인 사람들이 가지는 인간의 이성적 소통능력에 장애가 생겨 가족과 정상적인 대화를 할 수 없다.

    마치 듣고 싶은 라디오방송국 채널을 제대로 맞추지 못하면 시끄러운 잡음만 듣게 되는 것과 같다. 그러니 원만한 가정생활을 지속적으로 이룰 수 없을 것이라고 판단되지 않는가? 전투 중에 생기는 죽음의 공포, 급박한 상황이 머릿속에 각인되어, 긴 세월이 지난 후 일상생활 속에서도 쉽게 다급해지는 불안장애는 어쩔 수 없는 전쟁후유증이다. 그래서 때로는 화가 나면 합리적 사고가 되지 않고 혼란해져 광폭해진다.

　가장으로서는 가족을 위한 이해와 배려가 없고 상대방에게 조금만 싫은 소리를 들어도 이성적 판단은 하지 않고 비이성적 언행과 괴변으로 폭언을 하며, 나중에는 서로 상처를 주고받는 것이 일상 속에서 습관성 악순환이 되어 정상적 언어로는 대화가 불가능해진다. 그러므로 가족끼리 아름다움을 나누는 것이 잘되지 않으며, 이 피해는 대를 이어 내려와 가난과 가정불화가 유산으로 남을 수 있다.

　이렇게 가족으로 살아가는 모든 상황이 어렵기 때문에 전쟁 후유증은 인간의 존엄성에 대한 문제, 또 인권문제로 생각할 수 있다. 전쟁으로 인한 가족의 비극, 일하지 못하는 데서 오는 경제적 궁핍, 관계 문제까지. 전쟁후유증을 가진 당사자와 가족들은 행복추구권을 미리 박탈당한 것이다. 아아! 이 비극들 누가 보상해야 하나! 전쟁은 절대 없어져야 한다. 전쟁은 발생해서는 안 된다.

대통령의 머리

...

사람은 자신의 체험과 지식을 가지고 지능과 감각으로 발전시켜 프로그래밍하며 살아간다. 인간의 머리는 무수한 뇌세포들의 연결망으로 이루어져 있는 거대한 세계와 같다. 우리들은 누구나 부모의 사랑으로 태어나고 줄기세포로 이루어진 뇌가 자라면서 몸뿐만 아니라 심상과 심성인 감성으로 마음이 성숙한 성인(成人)이 되어간다. 우리들의 뇌를 시설물로 생각한다면, 기초가 건강하게 건설된 체계적인 뇌는 입체적으로 많은 정보가 저장될 수 있으며 정보간 연결이 잘되어 이해력이 높고, 종합판단이 합리적이며, 지성적 교감도가 높고 빠르게 많이 포용할 수 있어 통합력이 긍정적이다. 반면 부실한 시설구조의 뇌는 종합적 감지나 반응에 있어 자기 이기적 판단의 한계로 대부분 비합리적이며 부정적인 반응을 보인다. 따라서 관계의 장애요소가 생겨나며 교감도가 낮다.

한 국가의 원수는 깊은 교감을 토대로 이성과 감성의 성장발달이 잘된 이타적 인재가 선출되어야 나라가 안정되고 평화롭게 된다. 국민들도 마찬가지다. 뇌량과 뇌력이 자기 팽창이요, 창조이다. 한 국가의 지도자인 대통령은 절대적으로 잘 발달된 좋은 뇌를 가진 자여야 하며, 뇌량과 뇌력이 국무에 따른 용량을 흡수할 수 있어야 된다. 이상이 있는 뇌는 뇌 속의 뉴런이 연결 네트워크 프로그래밍을 잘할 수 없다. 대통령이 부실한 뇌를 가졌으면 국가적 문제 해결이나 외교에 관한 사안에 있어서 합리적인 해결 방안을 이끌어 낼 수 없으므로 쉽게 독재자가 되거나 국민을 힘들고 어렵게 만들 수 있다.

대통령들은 텔레파시에 가까운 큰 공감대를 지녀야 하는 사람이어야 한다. 국민의 고통을 공감할 수 없는 머리를 지닌 대통령은 국민에게 받은 권력을 무모한 지배욕과 과신으로 이용하여 독재자, 탄압자, 국가의 범죄자가 되고 결국 국가가 해결하지 않으면 안 되는 짐을 국민이 떠맡아 안게 된다. 대통령의 머리가 나쁘면 미국 부시 대통령의 경우처럼 교감이 녹아든 대화와 타협의 외교를 하지 않고 힘만 앞세우게 되므로 국가 간의 전쟁을 일으키기도 한다. 전쟁은 인류의 재앙이다. 전쟁의 후유증으로 부정이 체화되어 자자손손 대를 이어 대물림되므로 악순환의 DNA가 유전될 수 있다. 대통령 후보자의 뇌 적격 검사를 하는 제도적 장치가 필요한 것이다.

맑은 바다에서 긍정의 파도를 타다

국가에 대한 나의 항의(서)

...

    무지한 국가 권력으로 생명권을 빼앗긴 국민의 한 사람이 국가의 폭력으로 일어난 참혹한 전쟁터에서 전투에 내몰린 참전군인이다. 생명위험본능만으로 반응하게 되는 상황에 놓이게 되면 극도의 긴장으로 인해 정상을 넘는 신체적 호르몬 반응이 일어난다. 몸의 체계가 깨어지는 위기 속에서 이성과 감성에 앞서 무조건 반사를 체험하게 된 사람은 이성과 감성에 신체적인 이상이 크게 생길 수밖에 없다. 성장이 활발하게 시작될 시기인 20대 초반에 긴 세월 가야 할 인생의 프로파일이 깨지고 국가가 뇌를 망가뜨리고 망쳐놓은 것이다. 그와 관계하며 살아온 가족들의 삶을 국가는 알고 있는가?

    한국전쟁은 내가 4살 때 일어났다. 전쟁으로 신체가 잘린 후유증으로 정신도 약화되고 생각의 체계도 깨어진 외상 후 스트레스장애를 안은 군인들이 전쟁으로 피폐해진 가난했던 우리 사회에 동네마다 길에서 정신을 잃고 술에 취한 채 횡포를 부리던 일을 많은 이들이 기억하고 있을 것이다. 상상하기도 어려운 엄청난 전투를 체험한 사람과 나는 수십 년을 부부로서 같이 살게 되었다.

세상에는 전쟁 이야기와 군인 이야기에 초점을 맞추어 많은 이야기가 나와 있다. 하지만 그 이후 그들과 같이 살게 되는 가족들의 이야기는 없다. 사람은 서로 관계하며 가정과 사회 속에서 지속적인 삶을 살아간다. 그동안 알게 된 나의 이야기를 이제는 국가에 하려 한다. 국가는 뇌 속 일상을 유지할 수 있게 하는 프로그램을 상실한 한 남성을 결혼으로 묶인 한 여성에게만 맡겨 이들이 가정 속 가족관계에서 심화되는 심각한 문제들로 어떻게 살았는지 알아야 한다는 것이다.

지나간 인생을 들어주어야 한다. 그리고 나에게 국가는 보상해야 한다.

왼쪽부터 - 해병 소대 선임하사, 저자, 베트남 하미마을 주석, 참전해병 남편.

맑은 바다에서 긍정의 파도를 타다

베트남 전쟁에 해병대로 참전한 남편

국가 상대 베트남 전쟁피해 보상
청구 소송문

…

국가는 남편과 나와 우리 가족에게 보상하라. 국가는 나의 남편을 전쟁으로 폭력에 몰아넣고 희생시켰다. 국익을 위한 수단으로 국가폭력이 한 국민에게 미친 존폐위기의 후유증을 이제 국가보훈처의 관계자들은 귀를 기울여 알아듣고 받아들여야 한다. 한 청년이 국가폭력으로 전쟁에 투입되어 겪어야 했던 체험과 그 후에 결혼한 아내와 자식들과 가족들이 겪어 온 긴 세월 삶의 과정을 귀를 열고 들어야 한다. 전쟁후유증을 가진 청년과 살아오면서 느끼고 알게 되었던 모든 것을 뇌과학으로, 실험심리로, 논리적으로, 조리 있게 국가에 말하기 위해서 나는 40년 이상이 걸려야 했다.

전쟁을 겪은 후에는 꼭 외상 후 스트레스 장애가 생긴다. 때문에 공소시효가 해당되지 않는다. 전쟁터에서는 극한 긴박감으로

맑은 바다에서 긍정의 파도를 타다

신체 기세의 압력이 극심하게 고조 증폭되기 때문에 일반적이고 정상적인 긍정 반응체계가 깨져 버리고 신경반응계를 손상시킨다. 다행히 전쟁에서 살아남아 일상생활에 돌아온 후에도 늘 기분이 편하지 않으며 인체에는 반응알레르기 증후군을 남기게 된다. 때문에 작은 일에도 감정이 쉽게 상하게 되어 부아가 걸리면 과격한 반응으로 알레르기를 일으킨다. 호르몬 체계의 이상이 생겨 반응기세가 강해진 인체는 다급할 때일수록 차근차근 말을 하는 것보다 먼저 기세를 부리게 되고 그래서 서로가 말로써는 교감이 어렵고 소통이 안 되니 어려운 상태로 삶이 지속이 된다.

전투가 끊임없이 일어나는 베트남 짜빈동 전장에 있었다. 1967년 2월 아무것도 보이지 않는 캄캄한 밤, 전쟁터 속에서 다급해진 사람들은 본능적으로 지켜야 하는 목숨을 걸고 극도로 위험한 전장에서 온 신경이 곤두서게 된다. 오감으로 각인되는 이미지 기억은 자신의 몸에 반응 장애를 남긴다. 폭탄폭음이 터지고 나면 진공 상태로 소리가 들리지 않는다. 캄캄한 밤하늘에 조명탄이 터지면 조금 전 옆에서 고향 부모님 애기를 하며 어떻게든 살아남아서 내 집에 돌아가야 한다고 하던 동료가 시퍼렇게 죽어 있고, 피를 흘리며 여기저기서 뒹굴고 있는 부상 군인들의 아비규환, 절규하는 젊은 목소리들을 뒤로한 채 폭탄 파편에 맞아 땅바닥에 쓰러진다.

그런데 자신도 모르게 생명 본능으로 힘을 다해 벌떡 일어났다.

진한 화약 냄새가 목구멍으로 흘러들어가는 피비린내와 같이 메스꺼워서 왈칵하고 두 손을 모아 토하니 피가 가득 넘쳐흘렀다. 계속 몇 번을 토하고 나니 추워지는 자신을 느끼며 '아! 벌써 내가 죽어가는구나!', '아! 오늘밤 나는 이렇게 죽는구나!' 그 순간에 어머니 모습이 떠올랐다. 지금 내 어머니는 집에서 무얼 하고 계실까? 어머니가 너무 보고 싶었고 너무나 억울했단다. 이 순간 생각을 할 수 있었다니 머리는 괜찮은가 보다…. 의식을 잃어 가는데 "김 수병님 죽지 마세요!" 하며 어쩔 줄 몰라 울며 내 몸을 흔드는 의무병이 급한 상황 속에서 그냥 지나갔다 정신을 잃어갔다.

3일 후 눈을 뜨니 진해해군병원(남편은 해병대)에 누워 있었다. 의식이 들자 무겁고 괴로운 아픈 몸과 아비규환 전쟁터의 매운 화약 냄새와 피비린내 나는 기억들이 살아나자 너무나 끔찍하고 괴로워 생각조차 싫었다. 그리고 자기의 아픈 얼굴이 어떤 모습인지 두려워 거울을 도저히 볼 수가 없었다. 그 당시에 외상치료를 받은 후 원호대상자로 제대를 해야 했던 나의 남편은 어떻게 됐는지 치료를 해주던 의무관이 권하던 원호대상 신청도 하지 않았던 것이다. 베트남 짜빈동 전투기록에 나와 있겠지만 젊은 청년이었던 나의 남편은 전쟁터에서 뇌 속에 각인된 참혹함을 떨칠 수가 없었고 피비린내와 진한 화약 냄새의 시각, 청각, 후각 기억의 괴로움 때문에 하루빨리 제대하여 군복을 벗어 버리고 싶었고, 게다가 원호대상 보상은 사람을 죽인 대가로 생각했기 때문

맑은 바다에서 긍정의 파도를 타다

에 온통 거부감에 싸여 자신에게 허락되지 않았다고 여겼다. 그 때 이미 전쟁 속에서 유리조각처럼 깨진 뉴런을 안고 광폭한 기세가 몸에 담겨 있었다. 그 후 무공훈장과 1계급 특진이 주어졌지만 남편은 받지 않았다. 받아도 그것이 삶에 무슨 도움이 된단 말인가?

나는 1967년 5월 12일 봄꽃향기 날리는 이른 저녁에 운명적으로 그 청년을 만나게 되었다. 만난 첫날부터 전쟁이야기를 하는데 원만하고 풍요로운 가정에서 성장한 나는 힘들고 어려운 상황을 알아듣지도 못하고 청년의 어려웠던 지난사정에 교감하게 되고 동정심에 빠지게 된 것이다. 시간이 흘러가면서 청년과 관계는 우여곡절도 많았지만 일 년 반 후에 결혼까지 하게 된 남편과의 관계는 너무나 힘들었다. 아~ 위험한 관계의 연속이었다.

나는 결혼으로 묶이게 되고 청년의 인생이 나에게 맡겨졌다. 남편을 겪으며, 알 수 없는 광폭성이 힘들어 알고 이해하기 위해서 모든 전쟁 실화 바탕의 영화나 소설을 보고 나 자신이 교감적 실험을 하기도 하고 신체 긍정반응과 신체 부정반응에 따른 기세, 기분과 과격성의 관계반응 등을 연구하여 왔으며 세계적으로 뇌신경과학을 연구하고 있는 자료들을 모으고 혼자 공부했다. 남편의 젊은 뇌는 폭탄이 터질 때 얼마나 심하게 손상됐는지, 그리고 폭탄이 터질 때 엄청난 에너지가 몸에 얼마만큼 충격과 압력을 가하고 그 피해의식으로 어떻게 반응하는가에 대하여 연구했다. 전쟁피해자들의 생명 과잉보호와 관계반응 후유증의 사회생활 사례를 연구한 전문가들의 자료는 크게 도움이 되었다.

국가권력이라는 제도에 매여서 불가항력으로 베트남 전쟁터에 파견된 내 남편은 어쩔 수 없이 최대치의 부정 속에서 생명을 걸고 위험을 겪어야 했다. 적군의 사람들을 죽여야 하는 극단적 부정을 체험할 수밖에 없는 상황 속에서 부정적 신체반응은 긴장성 호르몬 코르티솔을 과다 분비시키고 뇌 속에 인간의 한계를 넘는 센스 등을 켜게 되며 결과적으로 뇌와 신체를 뜨겁게 달구어 세포에 각인, 인체를 순간 마비시켜 버린다. 이로 인해서 신체호르몬 분비체계와 뇌 속의 뉴런이 성장을 준비해 가고 있던 와중 인생파일이 치명적인 손상을 받는데 이를 다시금 교육, 지식, 체험으로 긍정하지 못하면 부정에 빠진다.

뇌의 생각체계와 뉴런의 회복은 열심히 노력해도 수십 년이 걸리는데 남편은 전쟁터에서 있었던 일 덕분에 기세 반응 장애자가 되어 일상이 늘 편하지 않고 조그마한 일에도 자기도 모르게 과격해지며 세월이 가도 증세가 잘 낫지 않았다. 내 인생에서 제일 어려웠던 것이 국가가 내 남편에게 외상 후 스트레스의 전쟁증후군을 온몸에 장애반응으로 남게 한 일이었다.

맑은 바다에서 긍정의 파도를 타다

남편은 신체도 생각도 편하지 않은 상태에서 60년대와 70년대의 어려웠던 시대의 생활환경 속에서 자기한계에 부딪혔다. 이에 부정반응이 일상적으로 자주 일어나 생활소통이 전혀 되지 않았고 나는 남편이 집에 들어오든지 말든지 자기 마음대로 하도록 내버려 두고 홀로 일하면서 수십 년 스스로 긍정공부를 하고 알아 가며 나의 이해심을 넓히고 연구하며 자료를 모아 왔다.

이제 국가 보훈처는 원호대상자를 신체의 외상만을 가지고 말하지 마라. 그것보다 더 큰 문제인 정신적 피해, 즉 젊은 청년의 뇌 속 뉴런파일을 파괴하고 손상했기 때문에 인생을 설계해야 하는 시작부터 망쳐 놓았다면 알아듣고 이해할 것인가? 시간이 많이 걸리지만 뇌신경과학적으로 노력하면 뇌 가소성으로 회복이 가능하여 긍정회복이 될 수 있다.

하지만 그것은 이성적 생각이며 에너지로 흐르는 몸의 감응반응은 이성보다 먼저 빠르게 반응한다. 남편의 긴박감은 일상에서 몸에 불안정한 요소로 각인되었다. 여기에 우리 부부의 관계가 교감장애의 원인으로 일치할 수 없어 많이 다투면서 살게 되었다. 우리 가족 모두가 직접적으로 관계반응 영향을 받아 힘들게 생활할 수밖에 없었던 자식들에게는 너무나 미안하다.

나는 묻고 싶다. 특히 그 당시 1. 부상치료를 받으면서 의병제대를 앞두고 심한 거부감으로 원호대상에 접수하지 않은 청년의 심리상태를 국가는 자세하게 알아야 했으며 2. 더욱 중요한 것은 전쟁의 부상을 입게 되었던 청년의 지각상태의 맞춰서 심리치료를 해 주어야 할 것이 아니었던가? 3. 그리고 제대하고 일상으로 돌아온 후에도 전쟁후유증이 국민의 한 사람인 젊은 청년의 삶과 가족관계에 어떤 영향을 미칠 것인가에 대해서도 국가는 미리 알아야 했던 것이 아니었던가? 수십 년간 국가는 보살피지 않았다.

그 당시 미국에서는 전쟁을 겪은 모든 제대 군인들에게 국가가 평생 생활비를 전면 보상해 주었고 개인은 물론 가족에게도 연속적인 관계심리상태를 체크하는 시스템을 정부에서 지속하고 있었다고 한다. 그것은 국가가 폭력에 노출된 개인의 심리피해 상태를 알았기 때문일 것이다.

국익을 위한 국가폭력, 그 이후의 피해로 인해서 남편과 살면서 나와 자식들이 겪어야 했던 우리 가정의 힘들었던 지난날들은 국가로부터 상처받은 외상 후 스트레스장애를 가졌던 남편과 삶의 관계반응으로 인해 긴 세월 동안 손상을 받아왔던 것이 이유인 만큼 나는 제2의 피해자다. 자식들도 직접 관계 피해자다.

살아온 세월 동안 좋고 아름다운 많은 것들을 뒤로한 채 외상후 스트레스장애를 가진 남편과 살면서 생활소통이 제대로 안 되어 편하지 않은 가슴으로 자식들을 보듬어 줄 시간도 없이 돈벌

　　　　　　　　맑은 바다에서 긍정의 파도를 타다

이 노동과 가사해결노동에 중압되어 나의 젊은 시절을 다 바쳤다. 관계의 영향으로 피해를 보았던 자식들과 우리 가정 공동체의 피해를 국가는 이제 보상해야 한다.

역사적으로 무지한 인간이 권력과 비리로 정상에 올라서면 국민이 부여한 권력의 힘을 남용하여 자신의 권력을 강화 확대하여 물질과 돈을 착취하기 시작하고 국가적 체제의 강한 집단을 만든다. 권력화를 위해 국민들의 힘을 집중하도록 정치적 조장을 기획하여 대외적 국가안보와 사회도덕성을 내걸고 생각과 양심의 바른 말을 하는 소수를 사회의 적으로 죄명을 씌워 가두어 통치하다가 죽이기까지 한다.

인간은 보고 들어도 감각적으로 진실을 포착하고 이치를 깨달아 알아차리는 인지력이 약하면 보호본능으로 강한 힘을 느끼는 곳에 붙거나 권력에 굴복한다. 이런 국민들을 이용해 믿을 수 없는 통계숫자를 내세우고 매스컴을 장악하고 이중 플레이로 기획한 정치정책으로 정치 벤치마킹 기획광고를 하면서 항상 자국의 이익을 앞세우는 척하기 때문에 대부분의 국민들은 속는 줄도 모르고 속고 있다.

그러는 동안 국가의 권력을 더욱 강화하고 유지하기 위해 올바른 생각으로 항의하는 국민들을 폭력으로 막는 것을 합리화해서 옳은 분별이 없는 국민들을 계속 속인다. 속이는 권력자들도 속임당하는 국민도 오래가면 뇌에 인지부조화가 생겨나고 정상에서 이탈되어 편파적이고 무분별한 인간들이 생겨난다. 그리고 일상이 바쁜 대부분의 국민들이 시끄러운 정치는 정치인들에게 맡겨 놓고 생각하지 않으려고 하는 사이에 강화된 권력으로 개인적인 야욕을 채워나가는 독재자가 생겨 최고권자 집단의 정부를 만든다. 이렇게 세계 국가들은 국제안보연합을 내세우고 불가항력의 거부할 수 없는 국가 의무의 밧줄에다 소수의 젊은이들을 묶어서 생명을 죽이는 전쟁터로 함부로 내몰아 놓고 자국의 이익이라는 명분 아래 젊은이들을 희생시킨다.

하지만 이는 파괴의 과격부정반응을 높일 뿐 역사를 길게 보면 이익이 되지 않았다. 세월이 가도 반드시 그 책임에 마땅한 보상 문제로 늘 시끄럽다. 역사적으로 국가 간 전쟁이나 한 국가에서 일어난 내분으로 사람들이 죽거나 상하게 되는데 살아남은 사람은 신체 부상 장애와 심상타격에서 생긴 과격 반응 장애가 반응 알레르기로 인체에 남겨져서 그들의 어머니들이나 아무것도 모르고 결혼을 하게 된 여성들이 평생 동안 그 짐을 떠맡아 안게 되는 것이다. 특히 지금까지 전쟁을 겪은 군인들의 실화 이야기가 소설과 영화와 드라마를 통해서 수없이 많이 알려져 전 세계가 알고 있지만 그 피폐해진 군인들과 직접적 관계자였던 아내들의 긴 세월 인생 이야기는 없다.

맑은 바다에서 긍정의 파도를 타다

그 여성들의 남편은 전쟁으로 뇌와 인체의 정상 긍정 반응에 손상을 입었으며 정상적인 생활능력을 키우지 못하고 늘 부정적 반응기세로 압력된 분노가 몸에 차 있다. 그렇기에 그들의 아내들은 그 모든것을 감당하며 너무나 심한 고통에 빠지게 된다. 자기 삶의 체험을 생각하고 정리하는 기록도 할 수 없을 정도로 현실의 바쁜 나날 속에서 시간적 여유가 없어진다.

가족과 교감을 할 수 없는 남편과의 끝없는 불협화음. 정신적으로 고단한 일상이 반복에 매여 그 아내들은 자기가 떠안게 된 가족들과 생활소통도 제대로 할 수 없이 비참하고 불쌍하게 고생하고 살다가 자식들에게는 가난과 불화를 유산으로 남기고 세상과도 소통하지 못한 채 생을 마치게 된다.

전쟁의 책임은 처음 전쟁을 일으켰던 국가와 같이 동조하고 연합한 모든 국가에 그 책임이 있다. 어느 국가에서도 전쟁으로 망가지는 인생과 장애를 가지게 되는 피해자들을 회복시킬 수 없다. 지금도 국가외교 관계를 서로 도와주고 받는 합리적인 긍정으로 풀지 못하고 자국의 이익만을 내세우는 무지한 최고권자 또는 민족들의 분쟁으로 지구상에 전쟁이 끝나지 않고 있다. 인생을 준비하고 있는 젊고 아름다운 청년들이 전쟁을 겪게 하지 마라! 국가가 전쟁을 수행하도록 한 젊은 청년들은 사회의 또 다른 인권문제로 구별해서 조속히 해결해야 한다!

맑은 바다 위에서 긍정의 파도를 타다

이인모 선생님 이야기

...

6.25 전쟁 비전향 장기수 이인모 선생님과 함께

"이인모" 그분은 인민군 종군기자였다. 언제나 글을 쓰고 자기 표현을 할 수 있었기 때문에 북으로 돌아갈 수 있었다.

　　　　　　　　　　맑은 바다에서 긍정의 파도를 타다

90년 7월, 수배 중이던 내 남편이 잡혀가서 구속되었다. 민주가족협의회 간사가 찾아와 가족이 구속되면 자동 회원이 된다고 알려주며 이인모 선생이 계시는 김해 진영을 가는데 같이 가자고 하였다. 나는 한겨레신문을 통해서 이인모 선생의 사연을 알고 있는 터라 호기심이 당겼다. 찾아간 집은 산 밑의 문중 재실이었다. 초등학교 선생님 이필주 씨 집이었다. 이인모 선생은 하얗게 백발이 된 갸름하고 깨끗한 얼굴에 34년간 감옥살이를 한 노인 같지 않은 선량한 눈빛이었다. 한쪽 눈은 흐릿했다. 아마 다친 것 같았다. 바짝 마른 몸에 고문으로 한쪽 고관절을 못 쓰시고 껴잡아 일으켜 세워야 겨우 일어나실 수 있었다. 누가 부축을 해야 절뚝거리며 조금 걸으셨다.

34년 감옥살이라니 아! 이럴 수가. 이인모 선생 앞에서 민족 간의 비극을 조금이나마 실감할 수 있는 계기가 되었다. 이인모 선생이 감옥에 들어가실 때 나는 어린애였다. 이제는 내 나이 40세가 넘었는데 북쪽 인민군으로 잡혀 들어와 30~40년 장기 수감자로 감옥에서 사신 분들이 아직도 많다고 했다. 아! 나도 동시대를 산 사람으로서 미안해졌다. 내가 그 세월 동안 부모님의 품에서 성장해서 공부하고 결혼생활까지 하고 2남 1녀까지 두고 자유롭게 살고 있을 동안 민족상잔의 비극을 안은 채 북쪽의 가족을 떠나 와서 수십 년을 고문 받고 감옥살이를 하신 분들께 몹시 미안하였다. 의자에 앉아 계신 이인모 선생과 감히 나란히 앉을 수 없어 무릎 밑에 앉아 눈물만 흘렸다.

같이 갔던 민가협 일행들이 대화를 나누는 중이라 방 안은 시끌시끌했지만 말씀이 없으신 분을 보고 있으니 불쌍해 내내 눈물이 났다. 시간이 지나자 자리에서 일어나 "3일 후에 오겠습니다." 인사를 하고 이인모 선생께 약속을 했다. 그 뒤에 선생께서 하신 말씀이 찾아와서 다시 온다고 해도 오는 사람은 없더라고 하셨다. 하지만 3일 후에 버스를 타고 나 혼자 다시 갔다. 또 3일 후엔 일주일에 2번 가고 또 갔다.

나는 한국동란의 비극 속에 아름다운 사람들의 이야기를 들을 수 있었고 우리 민족의 산 역사를 실감하며 공부하는 계기가 되었다. 진영 이웃에는 장기수 한창우 선생의 오리농장이 있었고 오리농장을 도우러 온 국문학 출신 청년 조영삼 씨가 있었다. 조영삼 씨는 이웃에 계신 이인모 선생을 알게 된 후 같은 방을 쓰다시피 할 정도로 시간 날 때마다 늘 곁에서 수발을 하였다. 2017년 여름, 문재인 대통령께 메시지를 남기고 분신을 한 조영삼은 젊을 때도 그랬던 착한 사람이었다.

이인모 선생은 돌아가셔서 김일성 주석을 만나고 싶다고 하시며 "북에 돌아가면 이 동지께 초청장 보내겠소. 꼭 오시요." 하며 웃으셨다. "예. 선생님은 꼭 북으로 돌아가실 것입니다. 가시면 인민군 총사열도 받으시고 영웅칭송도 받으실 겁니다" 하고는 집에 돌아오면 하느님! 불쌍한 이인모 샘 꼭 북한의 가족 품으로 보

맑은 바다에서 긍정의 파도를 타다

내주시옵소서! 새벽 늦은 밤에 눈물 적시며 얼마나 기도를 했는
지…. 그런데 나는 꼭 그렇게 될 것 같았다. 그때마다 나는 희망
의 끈을 놓지 마시라고 하며 힘을 보탰다. 어쩌다 바깥에 나오실
때는 조영삼 씨 수발로 우리 집에 오셔서 음식도 잘 잡수셨다. 긴
이야기 나누시다가 더러 주무시고 가셨다. 그 후에 제실에는 안
기부 경찰이 상주하면서 입구를 막고 밤에는 서치라이트를 켜놓
고 밤낮으로 사람을 못 만나도록 지켰다.

박종철, 이한열 등 죽어간 자들의 뜨거운 희생 위에 사회민주
민중운동이 폭발하였던 시대는 결국 김영삼 대통령을 당선시켰

고 문민정부가 들어섰다. 사회는 조금씩 가라앉았다. 93년 3월, 이인모 선생의 꿈은 드디어 현실이 되어 분단 후 처음 정부가 나서서 판문점 상공의 헬리콥터로 남쪽의 비전향 장기수들을 북쪽으로 실어 보내 주었다.

93년 3월 어느 날 같은 장기수로 이인모 선생의 친구였던 윤희보 선생이 이인모 선생의 부탁으로 우리 집으로 오셨다. 부산대학병원에서 폐농증으로 병실에 계신 이인모 선생 접견을 모두 막아 놓았는데 통일부에 청해서 북으로 돌아가시기 전에 꼭 나를 만나보고 가시겠다고…. 나는 선생님께 드릴 도시락을 준비했다. 밥술을 떠서 입안에 겨우 한 입 한 입 넣어드리며 당부 드렸다. "북에 도착해서 흥분하시면 위험하시니 눈을 감고 계셔야 합니다." 이후 나는 한겨레신문 사진기사로 북한 노병대회에서 군복에 훈장을 다신 노병 이인모 선생이 휠체어를 탄 채 김일성 주석과 그 아들 김정일과 함께 나란히 서 있는 것을 보았다.

김일성 부자와 리인모씨 김일성 주석과 김정일 당 비서 (오른쪽) 부자가 6·25 휴전 40돌을 기해 23~25일까지 평양에서 열리고 있는 '전국노병대회'에 참석해 지난 3월 북으로 송환된 종군기자 리인모 노인을 만나고 있다. 평양/로이터 연합

나는 남편과 2008년 10월 평양 대동강변을 걸었다. 당시 북측 안내하시던 분이 이인모 선생의 따님 이현옥 씨를 만나도록 주선해 주어 양산각 호텔에서 만날 수 있었다. 내 남편 김영만은 6.15선언실천 경남상임대표를 맡고 있다. 우리 부부는 국민들과 통일 실천을 원한다.

2008년 평양에서

3장

긍정의 선
부정의 악

나는 1947년 12월 16일 생입니다

. . .

　많은 사람들이 나를 성공한 여성 오너(Owner)로 생각하여 주위에서 강의 요청도 하고 자리를 만들어 나의 이야기를 듣고 싶어 하지만 나는 아직 성공을 못 했다. 성공과 완성은 근본적으로 없는 것이기 때문이다. 인생은 항상 진행 중에 있고 돈과 물질은 지속적으로 의식주를 해결하는 과정에서 소모되고 없어지는 것이며 이 과정에서 우리들의 인생에는 성공과 완성의 결과가 반복적으로 매듭지어져 끝이 나지 않는다. 이것이 우리가 궁극적으로 성공하지 못하는 이유다. 돈과 물질은 생활 도구로서 끊임이 없이 지속 소모되는 것이라서 우리를 가장 불안하게 하는 요소다. 하지만 인생이 이렇게 미지수의 존재라고 해도 또한 희망을 예측하고 매일같이 생활 프로그램을 긍정으로 바꾸어 나가는 과정에 놓여 있다는 것을 오십대에 들면서 자각하여 느끼고 알게 되었다.

　인생이란 나 자신의 긍정의 수치만큼 희망이 현실로 변화하는 것이다. 긍정으로 나 자신을 만들어 가고, 긍정으로 관계를 이어

　　　　　　맑은 바다에서 긍정의 파도를 타다

가면서 우리들은 계속 같이 성장하고 발달하는 진행 중에 있는 것이다. 각자의 생활 속에서 일하며 관계하고 체험하고 지식을 습득하고 알아가게 되는 이 모든 것은 자기중심의 욕구대로 재프로그램 된다. 다 같이 살아가야 하는 우리들이라는 존재는 입체적 네트워크의 연결고리이기 때문에 긍정의 수치가 높은 만큼 사회 속의 성공도와 비례한다고 생각하며 내 인생의 최고가치도 긍정을 지키는 것이라고 항상 생각을 하고 있다.

긍정은 사람이 사람에게 함부로 하지 않는 것이기에 사람을 편하게 하며, 누구에게나 안전이 보장된다는 점을 나는 이야기하려고 한다. 자연 속의 깊은 지성이 반응하는 것이 긍정이다. 그래서 자연에 소속된 인간은 긍정이 작용하는 원리대로 움직여야 인생의 지름길을 찾아 들어가게 되며, 우리들의 한 존재가 살아가면서 체험하게 되는 모든 것 또한 안전하고 자유롭고 평화를 찾아서 아름다운 존재가치를 느끼기 위한 것이다. 자연지성은 자연 속에 차 있는 무한하고 거대하게 움직이고 있는 에너지, 즉 긍정을 텔레파시를 통해 직관적으로 생명체들에게 전달한다.

텔레파시는 자연생물체인 인간들이 상생교류를 하게 하고 공생법칙을 깨달아 알게 하며, 자연의 지성을 가지도록 각성을 돕는 전달 시스템이다. 세상을 알게 하는 영감을 바라면 영감을 얻고, 과학을 찾으면 단계적 원리를 깨닫게 해 준다. 인간 세상에

필요한 것들을 융합하여 창조해 내는 모든 분야의 과학적 지성의 근원이며 인간의 본연적 지성을 성장, 발달시키는 동력이다.

긍정은 인간이 서로 지켜야 하는 자연의 법칙이며 이 법칙을 지키면 긍정이 작용하는 에너지 파장 주파에 맞는 순수한 초점을 기준으로 내가 나를 맞추어 나가게 된다. 그렇게 하지 않으면 이탈되어 부정된 혼란이 생기는 것이다. 세상에는 지성을 키우지 못하고 무지하여 확실성을 찾지 못해 엉뚱한 것을 믿어버리는 경우도 많다. 신뢰가 없는 이론이나 논리로 인해서 많은 사람들이 잘못된 영향을 받고 있다. 자신의 주체를 확실하게 하며 인생을 즐기면서 살 수 있게 하는 긍정은, 누구든지 건강하게 다 같이 잘 살 수 있는 세상의 살아있는 법칙이다. 자연과 연결된 직관에 의

한 깨달음이란 세포가 열리고 감각과 느낌이 트여 알게 되는 것이라서 이론과 논리를 넘어 자기 자신이 주체성을 가져야 한다. 이는 자연이 사랑으로 주는 아주 큰 사랑의 선물이다.

내가 그린 그림 1

맑은 바다에서 긍정의 파도를 타다

뇌기능을 활용한 생각의 여행

...

긍정적 커뮤니케이션을 하면서 기(氣) 작용, 기 반응 커뮤니케이션을 통해 자기 자신을 생각의 용량만큼 크게 확대해 보자. 사람마다 뇌의 용량에 따라 생각의 범위가 크고 작은 차이가 있다. 그렇지만 당신의 뇌에 저장된 기억들을 최대한으로 일깨우고 지금까지 배워 왔던 것을 토대로 자신이 중심이 되어 자연을 바라보는 시야를 넓히고 그 범위를 최대한 확대해서 당신의 뇌 속에 그려 보자.

무한하게 움직이는 거대한 우주 속에 에너지가 거대한 공기 캡슐로 쌓여 있으며 손에 잡힐 듯 움직이는 지구 표면이 우리들이 살고 있는 거대하고 장엄한 자연 환경이다. 많은 사람들이 당신 앞에 있으며 우리들은 이렇게 아름다운 자연 환경 속에서 자연지성에 기반한 자연법칙의 원리로 살아가고 있다. 거대한 유기체인 둥근 지구는 공전, 자전으로 무한하게 돌고 있다. 무수한 생물체중 인간종의 유전자와 부모의(구체적인) 유전자를 받아 엄마의 몸을 통해 발가벗고 태어난 인간에게 거대한 지구는 그가 살 수 있는 대자연을 그냥 부여하였다. 태어난 자리가 지구의 표면 어느 지점이든지, 그곳의 기후와 자연환경과 사회 환경과 전래되는 문화를 접하고 교육학습이 되면서 뇌가 자라고 성장발달을 하는 것이다.

사람의 속에는 긍정 핵이 있다. 그래서 인간의 본연은 순수하다. 긍정이 안 되면 서로가 괴로움으로 힘들게 되지만 자연의 지성으로 살아가면 긍정선에서 이탈하지 않고 하나의 선으로 연결이 된다. 인간들의 긍정은 합일치 통합력으로 에너지를 모아 창조적 역사에 기여하기 때문에 근본이 되는 생각이 중요하다. 생각을 해 보지 않거나 옳은 판단을 내리지 못하는 등 부정경험에 기반한 지나친 자기과격기세 에너지가 크게 모이면 파괴의 역사로 전락하는 것이다. 개인적으로는 긍정성이 낮아 적응교감장애가 있으면 공유공감이 낮아지고 부정사고가 심화되어 사이코패스가 될 수도 있다고 생각한다.

중요한 것은 인간은 두뇌 유형, 얼굴 모양과 체형에 의한 신체조건, 피부와 오장육부의 에너지에 의한 기질의 기세 등이 부모로부터 유전되지만 결국엔 살면서 자기의 지능으로 생각을 하고 자신을 다듬어 나가는 사회성을 통해 스스로 관계를 배워 나가야 한다는 것이다. 누구든지 일률적으로 한 가지 유형으로 태어나지 않기 때문이다. 일률적인 한 가지 유형으로는 이렇게 거대한 우주의 공기캡슐 지구에서 살아갈 수 없다. 저마다 부모에게 다양한 유전자(DNA)를 물려받아 태어난다. 각자의 다른 역할이 있으며 이러한 역할들에 어울리는 재능이 모여 네트워크 하는 사회를 이루고 다 같이 살아갈 수 있다.

다양성은 기질기세가 다른 특성으로 기세기분을 느끼고 재미를 느끼기 때문에 창조(기 상승)에 없으면 안 되는 시너지가 생기도록 한다. 즉 긍정은 이 세상의 창조성이다. 인류는 하나의 존재만으로는 살아가기 위해 필요한 물질은 물론 환경과 문화에 관련된 모든 욕구가 채워지지 않기 때문에 존재끼리 서로 배우며 주고받고 나누어 채우게 되는 시스템, 즉 사회성(SQ)이라는 연결지능으로 자기이해지능과 대인관계지능을 가지고 태어난다.

이 시스템은 보이지 않지만 자연 속에서 인간이 유형별로 보이지 않는 에너지 끈으로 이어질 때 본능적인 육체의 느낌을 받을 수 있다. 서로 전달파장의 주파수가 같으면 아무 이유 없이 편하고 좋기만 하는 것도 이런 원리다. 하지만 주파수와 파장이 달라도 함께 조율하여 조화롭게 살아가는 이치에 맞추면서 살아가도록 정해져 있다. 혼자가 아닌 전체로 이어져 있는 이 시스템이 자연지성 속에서의 긍정이며, 우리에겐 자연지성의 긍정지능이 있어 기세를 조율하며 긍정관계로 살아간다.

이는 진리이며 안정이고, 자연의 법칙으로 다 같이 편하게 관계 속에서 살아가게 하는 사회과학성이다. 자연은 긍정 에너지로 채워져 있어 자연생물체인 인간은 서로 긍정반응을 해야 맞추어진다. 이탈되면 연결이 안 된 상태로 부정반응이 생긴다. 이는 변하지 않는 세상의 시스템이다. 긍정의 법칙은 우리들이 개인이나 사회에서 꼭 지켜야 하는 도덕이며 항상 접하는 낱말들이다. 지키지 않으면 부정이 되며, 개인과 사회에 문제가 꼭 생기기 때문에 인간이 자연지성에 맞춰 지켜야 하는 공동의 의무이다. 이를 통해 인간의 자격이 주어지는 것이기 때문이다. 순수, 사랑, 순결, 진실, 친절, 온유, 믿음, 겸손, 이해, 정의, 감사, 포용, 인내, 절제, 청결, 정리, 규칙, 체계, 예절(인사), 이타적, 의리, 선행, 존중, 자연보호, 근면, 성실, 건전오락, 등으로 긍정은 존재와 존재가 서로 간에 생각이 일치되는 것, 그리고 기분기세의 에너지로 연결되는 것이며 항상 유지되면서 사람들의 마음을 편하게 한다.

그런데 자신의 유리함이나 이익을 위해서 꾀와 수를 쓰게 되면 부정이 들어와 인간성이 떨어지고 인간의 정상적인 심장박동에 문제가 생기게 되고 자꾸만 스스로를 속여 합리화시키기 때문에 나중에는 시각이 왜곡되어 모든 일에 분별력이 없어지며 부정성이 커 가게 되는 것이다. 누구든지 생각부터 바르게 해야 한다. 생각은 뇌에서 하지만 바른 생각을 가져야 신체에서 받는 느낌도 바른 판독을 할 수 있으며 바른 관계가 가능하다. 자연지성

맑은 바다에서 긍정의 파도를 타다

의 텔레파시 전달을 몸 전체로 느끼는 우리는 자연생물체로서 바른 생각을 하지 않으면 긍정의 부재로 오작동하고 이탈되는 것이 세상의 시스템이다. 원래 자연엔 긍정만 있었지만 부정은 사람들이 만든 것이며 악이라는 개념이 부정이다.

자연지성의 텔레파시로 일치감을 느끼면 합일체의 본능으로 안정이라는 평화를 찾는다. 서로가 교감을 제대로 하면 더 크게 공유 공감을 하게 된다. 고차원의 순수한 고감도로 고요하게 흐르고 있는 이 에너지의 느낌을 전달받는 것은 상승하는 기류이기 때문에 기분이 편해진다.

사람의 본연 속에는 안전의 욕구가 있다. 이 긍정을 찾아 안전을 누리기 위한 목적으로 인류는 종교를 세웠다. 알 수 없는 엄청난 에너지 속에서 혼자서는 연약한 인간들은 군집하는 본능을 통해 완전한 긍정성을 신비롭게 걸어 놓고 그 긍정의 에너지 느낌으로 안정을 찾으며 이를 평화라는 개념으로 인식한다. 예수님과 석가와 무함마드, 기타 종교의 창시자 및 성인들과 인류에 이바지한 분들은 긍정성이 높으며 그 긍정성을 생활화한 분들인 것이다.

긍정성은 선(善)이기도 하다. 긍정성은 투명하며 긍정성은 공동체이며 긍정성은 높은 지적 에너지이며 긍정성은 마음에 장애가 생기지 않으며 긍정성은 강하며 긍정성은 유연하며 긍정성은 불가능을 가능하게 하며 긍정성은 모든 창조를 이루게 한다. 사람과 사물에 대한 감지도, 포착도, 정확도, 명확도를 발달시키며 사실과 진실을 선명하게 분별하여 뇌에 인지조화 하는 집중력을 증진시킨다. 즉 사람의 지능과 감각기능을 발달케 하는 것이다.

이 능력은 사람의 오감을 통해 두뇌에서 집합, 총괄하게 되어 있다. 긍정성이 낮을수록 인간 이하라는 말을 한다. 예수님은 높은 긍정성으로 사회적으로 소외된 빈민층의 사람들에 대한 무한한 공감으로 혁명을 이루신 긍정의 혁명가였다. 인간은 자연 지성 속에서 긍정의 에너지를 원하도록 되어 있다. 그렇기에 아주 강한 의지로 고요한 긍정 상태를 인지하면 보통의 인지를 하는 상태와는 다르게 된다. 자연지성 속에서 고요히 흐르는 에너지가 텔레파시로 잡히면서 자동적으로 교류, 교감이 일어난다.

이 고주파수의 채널이 맞으면 텔레파시는 구체적인 답으로 반응해 준다. 누구든지 자기가 알아들을 수 있는 언어로 전해지며 강한 느낌이 체내에 각인되는 살아있는 체험이다. 학문에서, 종교에서, 사회에서 얻는 답이 아닌 세상 이치의 정답을 스스로 알게 된다. 이러한 세상의 텔레파시가 전달되는 과학적 법칙을 종교에서는 성령이라고도 하고, 성신이라고도 하는지 싶다. 이는 종교의식 혹은 기도 중에 이루어지는 것 같지만 많은 사람들이 알아차리지 못하여 자각이 어려울 수 있고 종교에서 이론화된 반복학습으로 신격화하여 믿을 뿐 자신의 주체적인 에너지 직접연결을 찾아내지 못하는 경우가 많다. 하지만 긍정성을 찾기 위해 에너지를 모으면 우리는 연결을 강하게 느끼게 된다. 사람은 기본적으로 자연 생물체이기 때문이다.

사람은 자연의 무언가와 교감이 되는 상태가 되면 순수해지며 조건 없이 사랑이 확대되는 무한지경에 도달하고 무한하게 좋으며(무아지경, 삼매경) 무한하게 아름다워진다. 무한한 진, 선, 미를 통해 무한하게 거룩해진다. 이러한 교감 상태가 되면 우리 몸의 70% 이상을 이루는 물은 예쁘고 다양한 모양으로 일어나 우리 몸을 감동이라는 물결로 전율시키며(카타르시스) 너무 좋아서 눈물이 흘러넘친다. 힐링이 되는 것이다. 긍정의 치유인 것이다.

이 좋은 것을 느끼기 위해 많은 분들이 명상을 하지만 쉽게 이루어지는 것은 아니다. 하지만 사람이 사는 물과 공기의 세상 속에는 자연지성이 있기 때문에 원하기만 하면 누구든지 가능하다. 많은 분들이 올바른 지도를 받기 위해 대자연 속에서 스승을 찾아 헤매면서 자신의 부정과 싸운다. 부정의 속성은 기본적으로 파괴이자 자기갈등으로 인간을 편하지 못하게 하기 때문에 많은 종교인들이 내적으로 부정과 싸워 나가야 했다. 긍정이 이루어지도록 끝없이 선을 행하였을 것이며 우리도 그분들을 따라 배워 왔다. 긍정을 끌어올리기 위해, 정진을 하기 위해 기도하며 도를 닦아 나간다.

기도는 긍정을 찾기 위한 인간 본성의 행위 의식이며 일치일체감을 체화시켜 준다. 이때는 아주 깊은 겸손을 통해 내 몸의 에너지 수위가 낮추어져야 자연이 주는 순수에너지가 강하게 부딪혀 오는 느낌과 동시에 몸이 꽉 차고 각인된 느낌으로 알 수 있게 된다. 순간적으로 확산, 팽창되는 느낌을 통해 하나가 되는 완전한 소통을 하도록 가르침을 주는 것이다. 그 순간에 살아오면서 내 몸에 축적된 엔트로피나 세상의 부정이 일시에 치유가 된다. 자연지성 속의 긍정성을 종교에서는 하느님이라 하고, 부처님이라고 한다. 자연지성의 긍정은 발달되는 뚜렷한 의식이며 고도의 과학이다. 자연지성은 인간을 분리하지 않으며 인간이 자연과 처음부터 함께하는 시스템으로 만들어져 있지 않았으면 인류는 멸망 다음에 회복을 하지 못했을 것이다.

긍정은 단순하며 간단하다. 창조의 역사가 이루어진다. 사람의 세포 본연 속에는 자연지성의 DNA 게놈(Genome) 프로그램이 설정된다. 이 프로그램은 태어난 인간이 자라면서 시스템화 되어 정상적으로 뇌를 발달시킨다. 합리적이고, 과학적이며, 다 같이 더불어 살게 되며, 교감되며, 공감대가 높아지며 관계가 안전으로 평화로우며 평생 행복을 추구하게 된다. 반대로 긍정법칙의 중요성을 예사롭게 지키지 않고 관계의 프로그램이 잘못 왜곡되면 공감 교감불능으로 존재분리 상태의 이질감이 생겨난다.

긍정은 이해로서 합일치를 이루지만, 부정은 오해로서 복잡해져, 분리가 된다. 부정은 통찰력이 낮고 자기 자신의 이해와 분별력 또한 낮아 제대로 알지 못하고 자기 포지션을 이탈하여 오만, 교만, 자만이 시작하게 되기도 하여 기죽기 싫은 자기 방어의 과격성으로 문제를 만든다. 부정반응들은 상식이 없는 무지함에서 시작된다. 부정의 내용을 담은 낱말도 우리들은 잘 알고 있지만 긍정과 부정을 선명하게 분별하는 개념을 넣으면 확실하게 해야 할 것, 안 해야 할 것을 구별 지을 수 있을 것이다. 미움, 거짓, 무례, 포악, 교만, 자만, 오만, 거만, 경솔, 오해, 산만, 불결, 불신, 배타적, 분노, 배신, 이기심, 질투, 시기, 무시, 환경오염, 증오, 사치, 불의. 욕심, 쾌락 등 이렇게 부정은 자연과 사람 모두를 분열, 분리하고 파괴한다. 그래서 인간이 상처받게 되는 요소이다. 다툼과 전쟁들이 일어나게 되는 것이다.

내가 그린 그림 2

하느님을 향하여

...

하느님 저에게 부정이 들지 않게 하여 주소서!

진리는 단순하다. 하지만 사람은 세상을 살면서 이해관계로 복잡해진다. 사람은 본래 초자연에서 자연으로 오며 사랑으로 몸을 받아 태어난다. 사람의 본성은 진실하고 선하며 아름답다.(진, 선, 미) 그러나 자신이 노력하여 본연을 찾아 확장하고 키우면서 다듬어 성인들과 같은 거룩함으로 존엄성을 높여야 성장한다. 자연세상을 알려고 노력하면 깨달을 수 있고 깨달은 만큼 언행을 갖추어 높은 인격과 인품을 갖추게 된다. 종교의 역할은 신앙을 가르치며 하느님을 알리는 것은 물론, 하느님의 품위에 맞는 자녀로 품격을 높이는 것이다. 인간사회는 어디를 가나 각종 종교단체가 수두룩하다. 어떤 종교든 종교의 궁극적 목적은 신앙을 찾아 가지게 하는 것이다. 종교는 고유의 전례예식으로, 나라별로 알아들을 수 있는 언어로 신앙을 가르친다. 사람들은 그 집단 속에서

맑은 바다에서 긍정의 파도를 타다

선과 안정, 평화와 사랑을 원하며 열심히 자기들의 종교를 따른다.

이렇게 본연을 찾는 사람의 본능으로 각종 종교가 생겨났는데 이를 통해 사람은 본능적으로 그 무엇에 대한 의문과 답을 얻으려고 갈망하는가? 그 갈망은 진리의 시스템에 연결되어 자신이 진리와 일치하는 것을 통해 질서 있는 관계 네트워크로 들어서서 이탈 없는 안전함을 추구하는 본능의 추상적 노력이다. 세상을 살아가는 인간들은 생로병사와 희로애락을 벗어나지 못하는 자신의 갈등과 괴로움을 교회에 맡기고 천국이라는 추상세계의 신비를 교육받는 대로 믿는다.

이렇게 종교의 역할이 중요한데 종교가들 중에는 세상 사람들을 이용하는 사람들이 있다. 자기들이 부르는 이름의 신만이 진리의 유일신이라고 주장하며 복을 줄 수 있다는 기복신앙을 통해 진리의 시스템에 강하게 연결시키는 노하우를 가지고 있는 것처럼 믿도록 왜곡시키는 종교가들을 보면 세속의 비참함을 맛보게 된다. 진리는 팔아먹는 것이 아니고 가르쳐 주어야 하는 것이다.

깨달음의 핵심은 긍정성이다. 진리는 완전한 긍정성이며 긍정은 모든 관계의 고리이다. 하느님의 우주도 긍정적 에너지로 운영이 된다. 신앙을 찾는 것은 간단하다. 일상 속 매사에 긍정적 사고를 해야 한다. 그러면 은총 속으로, 하느님의 세계로 들어갈 수 있다. 진정으로 기도하면 각성된 진지함과 통찰력으로 자기성찰을 할 수 있으므로 자기의 부정성과 왜곡된 부분들을 인정하고 자기 아집을 버리고 회개할 수 있다. 그렇게 하면 이 세상을 운영하는 바른 시스템을 열 수 있는 열쇠를 찾는다. 긍정성으로 들어가면 순수해진다. 기쁨과 진, 선, 미의 아름다움을 느끼고 하느님과 바르게 연결되도록 노력하게 된다.(이것은 사람과의 관계를 바르게 하는 것을 말한다.) 그 시스템은 태초부터 하느님이 모두 만들어 놓은 것이며 신앙의 첫걸음이다.

사람에 대한 사랑을 깨달으면 순수해지고 선한 마음으로 남들과 나누는 사랑이 생긴다. 사랑은 가장 아름다운 마음을 가지게 하며 마음의 상처를 낫게 해 주는 명약이다. 이 사랑은 하느님께서 우리들에게 항상 조건 없이 준비하신 선물이다. 은총이라는 것은 하느님께서 만드신 우주법칙의 모든 것을 말하는 것이며, 긍정적 에너지다. 긍정적 사고는 합리적 사고가 되며, 매사에 이해 폭이 넓어지고 무슨 일이든지 잘할 수 있는 시너지가 생겨 힘을 가지게 되며, 사람을 위한 옳은 일이라면 그 일이 어떤 사업이든 구상을 잘하여 체계적으로 만들어 갈 수 있기 때문에 매사가 어렵지 않다. 그래서 때가 되면 현실 속의 옳고 좋은 결과가 종합된 반듯한 현상체로 나타난다. 사람은 긍정적 에너지를 가지고 자기 머릿속의 미래의 그림(여러 가지 사업들)을 잘 그려서 찾아 순서대로 일하기만 하면 된다. 하느님은 긍정으로 완전하며 한계가 없이 무한하다.

하느님도 우리들을 미리 그렇게 만들어 놓으셨다. 사람 중에는 자신의 잘못을 지성으로 성찰할 능력을 갖추고 겸손한 마음으로 아주 큰일을 훌륭하게 하는 경우도 세계 역사상 많았다.

하느님은 우리가 어디서나 공기로 숨을 쉬고 목마르면 물을 마시듯 우리를 위해 존재하는 분이시며 하느님의 운기는 지금도 우리 주위를 가득 채우고 있다. 우리가 느끼지 못할 뿐이다. 사람들의 긍정성만 전부 다 모은 그 자체가 하느님(우주님)이다. 긍정성만이 부정성을 치유할 수 있다. 긍정성은 원래 하느님의 세력이지만 부정성은 무지하고 부실한 사람들이 모인 세속의 잘못된 세력이기 때문이다.

부정성의 속성은 미움이고 분열이고 파괴다. 하느님은 예수님을 일치시키시고 하느님의 DNA를 받으신 예수님은 하느님 아버지를 철저하게 긍정성으로 따르고 믿으시며 하느님과 직관 직감으로 일치를 이루시어 우리를 위해 하느님의 사랑을 증거하신 분이다. 지난날 젊었던 시절의 나는 십자가를 고통스런 상징으로 보고 있었고 생활이 어려울 때면 나는 예수님이 아니니 사람이 살 수 있도록 해달라고 고함치며 하느님께 울며불며 대들었던 일도 한두 번이 아니었다. 그런데 나는 고통스러워 하느님을 찾으면서 울 때도 절망감은 없었다. 슬픔과 아름다움이 같은 것으로 감지되는 알 수 없는 이상하고 오묘한 감정을 이성적으로 이해하려고 했을 때가 있었다.

그런데 많은 세월이 흐르고 아픔을 체험하고 아픔 위에 또 아픔이 생겨 내가 불쌍하다 느껴지고 진정 하느님께 위로받고 싶을 때, 눈에 보이지 않는 전율과 지성으로 하느님의 존재를 감지시켜 주시는 순간이 있었다. 얼마나 감사한지 눈물을 흘리면서 하느님 사랑을 또 느꼈다. 십자가에 못 박히신 죄 없으신 예수님은 사람의 눈으로는 고통의 극치지만 하느님이 사랑하는 예수님을 빌려 사람들에게 보여주신 사랑의 극치이기도 했다. 우리는 사랑을 말하면서 사랑을 이해 못 하고, 사랑을 알지 못해도 사랑을 자주 이야기한다.

내가 젊었던 어느 날 생활이 힘들고 지칠 때 기도를 하는 중에 자꾸만 졸라대면서 "하느님 어떻게 살아야 합니까?"하며 처음 성당 감실 앞에 앉아서 반복하면서 묻고 있었을 때였다. 갑자기 아주 큰 느낌으로 "주를 위하고 사람을 도우라"는 말씀이 전해졌다. 기도문에 나와 있어 바로 알아들었다. 현실적으로 따르기 어려운 말씀이지만 나는 가장 옳은 답이라고 생각은 할 수 있었다. 그렇지만 나의 어려움이 언제 끝날지 모르겠는데 남을 도우라는 그 말씀이 얼마나 어려운지 겁나서 대답도 않고 뒤돌아보지도 않고 도망치듯 아무도 없는 성당을 빠져나왔다.

맑은 바다에서 긍정의 파도를 타다

몇 달 뒤 죽고 싶도록 지치고 어려워서 또 감실 앞에서 지옥이라도 좋으니 저를 데려가십시오. 이 세상에서 부정된 왜곡으로 사느니 오히려 죽음이 영광이고 편할 것 같습니다. 하며 나도 모르게 앞의 말씀은 잊어버리고 또 반복하며 "하느님 어떻게 살꼬예?", "어떻게?" 하며 묻고 자꾸만 졸라대었다. 그러다가 피곤하여 반쯤 졸고 있었던 나에게 갑자기 "사랑했느냐?" 하는 말씀이 들렸다. 순간 나는 '사랑하지 않았습니다.'라고 마음으로 바로 고백했다. 어떻게 내가 그런 고백을 하느님께 바로 할 수 있었는지 지금도 모르겠다. 하느님은 곧바로 엄청 큰 말씀으로 "가서 사랑하라, 가서 사랑하라, 가서 사랑하라" 하며 내 머리, 가슴, 내 몸 전체에 말씀의 인지를 강하게 박아 주셨다. 순간 눈을 감고 있는 내가 갑자기 빠른 속도로 팽창되어 가며 우주 속으로 계속 치솟아 오르는 것 같은 강한 느낌이 한참 지속되었다. 바로 생각해 보니 그 당시 상황이 어려워 사람에 대한 사랑을 거부해야 된다고 내가 나 자신에게 인식시키고 있었고, 보상심리가 심한 상태였다.

그 뒤에도 계속 생활이 어려웠고 지칠 대로 지쳐 삶의 의욕을 상실한 상태로 나는 숨이 막힐 것 같았다, 그때 정말 하느님의 절대적 순수한 사랑을 갈망했을 때가 있었다. 그 순수한 사랑을 찾을 길이 없어 혹시나 하고 나의 모태인 친정어머니를 중년이 된 내가 찾아갔다. 아무리 어렵거나 남편과 싸웠다고 쉽게 친정을 찾는 딸이 아니라는 것을 어머니는 아신다. 고생이 많은 지친 딸에게 아무것도 물어보시지 않고 편하게 대해 주시던 친정어머니 셨지만 그럼에도 불구하고 당시엔 어떤 이상적이고 순수한 사랑의 갈증을 메울 수가 없었다. 나는 계속 절대적이고 조건 없는 순수한 사랑이 왜 그렇게 갈망되는지 목이 마르고 애가 탔다. 그 사랑만 찾아 느낄 수 있다면 갈증이 풀려 내가 다시 살 수 있을 것 같았다.

어머니는 천주교 신자가 아니었지만 서울 공항동에 임시 성당이 있다고 알려 주셨고 나도 성당에 전화를 해서 위치를 확인하고 저녁에 주일미사를 갔다. 미사보와 성가 책, 미사도구 등 아무것도 없는 임시 성당인지라 시원치 않아 앉지도 못하고 서서 강론을 듣고 별 생각 없이 영성체를 순서대로 하게 되었다. 성체를 받아 나의 입에 넣고 내 자리에 돌아와 제대 쪽으로 돌아섰다. 그런데 그 순간 "확" 갑자기 내가 성당 천정을 벗어나 우주를 향해 굉장히 크고 빠른 속도감으로 팽창되어 감을 느낄 수 있었고, 그 순간 "나탈리아야 내가 너를 이렇게 사랑하고 있지 않니?" 하시는 소리 없는 큰 말씀이 나의 온몸에 진동하기 시작했다. 머릿속에 아주 찐하게 각인이 될 최대치의 강도로 같은 말씀이 반복 전달되었다. 아! 그때 십자가에 못 박히신 예수님의 모습이 눈을 감고 서 있는 아무것도 아닌 나 앞에 크게 다가오시며 사랑을 고백하시는 것이라 느끼자 눈물, 콧물이 마구 쏟아지고 내 마음은 한 순간에 사람에게 느끼지 못하는 엄청난 강도의 순수하고 선명

맑은 바다에서 긍정의 파도를 타다

한 사랑으로 가득 채워지고도 넘쳤다. 그 고마움이 너무나 컸지만 순간적인 엄청난 사랑의 충격으로 사람인 나는 아무 말도 할 수 없었다. 그 사랑의 충격은 며칠이나 지속되었고 '고맙습니다.'라고 며칠 후에야 말씀드릴 수 있었다. 그 뒤에도 오랫동안 어려움은 계속되었는데 그때마다 사랑의 고백을 잊지 않으려고 애를 쓰면서 하느님에 대한 사랑을 잊지는 않았는가 생각해 본다.

지금은 나의 삶의 조건이 노력으로 많이 좋아졌다. 그런데도 아직 나는 자주 화도 내고 살아오면서 남편한테 피해의식이 깊어져 남편과 서로 욕설하며 대들며 참지 못하는 반복된 습관이 나타날 때마다 하느님께 너무 죄송스러울 때가 많다. 세상의 사람들은 살아가면서 하느님의 긍정성에 반하는 부정하고 나쁜 것을 만들고 선택하지만 사실 하느님 안에는 사랑과 용서뿐이다. 사람들이 부정을 만들어 들어가서 나빠지는 것이지 하느님은 처벌하시지 않는다. 지옥도 없다. 천국과 지옥은 사람들이 그리는 추상 세계다. 우리들의 하느님 저를 불쌍히 여기시어 용서하여 주옵소서. 우리가 용서를 비는 것은 하느님의 긍정성 안에 편성되는 것을 바라는 것이다. 언제나 하느님은 자비하시고 동정심이 많으시니까 우리들은 미사 때마다 항상 "주여 우리를 불쌍히 여기소서! 자비를 베푸소서!"를 반복 제창한다.

하느님은 우리에게 오감과 육감으로 몸을 만들어 주시고 아름다운 자연 속에서 서로 감각적 나눔과 육감적 느낌을 나눌 수 있도록 머릿속에 그것을 인지하는 시스템을 넣어 우리들을 세상(지구)에 내어 놓으셨다. 나눔은 사랑의 행위를 할 수 있는 것이며, 사랑을 키울 수 있는 프로그램이다. 궁극적으로 우리는 이 세상에 서로 사랑하고 사랑을 배우러 온 것이다. 오감을 갖추고 있어 사랑의 행위를 할 수 있는 이 지구는 거대한 사랑의 체험 교실이자 사랑의 발전소이다. 이 사랑의 긍정적 에너지를 발전시키며 삶을 마감하면 현상체가 사라지며 기억, 감각 모두가 없어진다. 유일하게 긍정적 에너지만 남아서 완전한 하느님께 귀속된다. 그것이 우리가 말하는 천국이다. 그 거대한 긍정적 에너지에 흡수되어 자연 순환한다. 그 섭리가 지금 여기(세상)서도 우리가 같이 있으면 기분이 좋고, 멀어지면 쓸쓸하고 외로워지는 소외감이 생기는 이유일 것이다. 즉 여기(세상) 살아 있을 때 많이 사랑하고 나누는 것은 사랑을 키우는 것이니 우리는 항상 나누어야 하지 않겠는가?

자신의 긍정적 에너지를 발전시키기 위해서 아름다운 세상을 위해서~

지금 하느님 운기가 우리들 주변을 감싸고 있다.

기 작용, 기 반응 커뮤니케이션

. . .

사람이 무언가를 인식할 때에는 두뇌가 사고 담당을 하지만, 우리의 몸은 텔레파시와 육감, 즉 직관 직감으로 상황을 더 빠르게 알아차린다. 교감하는 것은 감성으로 에너지의 흐름이다. 자신의 분노가 쌓여 압력받은 강 기세는 자신이 낮추기 매우 힘든 것이다. 일반사람도 나이 들어가며 기가 세어지는 것은 서로 관계에서 부정의 압력이 쌓이기 때문인데 스스로 의식하여 알아차리기가 쉽지 않은 부분이다. 이것을 이해하니 기세가 높아져 큰소리로 말하는 내가 힘들구나 하고 나를 알아차렸다. 내가 말하지 않아도 되는 곳에서 조용한 시간을 나에게 대접하고 싶었다. 마음을 크게 먹고 고성 바닷가 수녀원을 찾아가 일주일 숙식하며 조용한 공간에서 기도하며 사색하며 나를 알아차리는 혼자만의 시간을 가질 수 있었다.

최근 읽은 『긍정의 배신』 저자가 몹시 궁금하여 책 표지를 열어 보니 저자인 바버라 에렌라이크가 1941년생이라는 것을 알게 되었다. 나는 1947년생 돼지띠로 바버라 에렌라이크 저자를 '미국 언니'로 생각하기로 했다. 나는 그가 마음에 들었다. 사람은 참된 긍정으로 노력함에 따라 나이만큼 만들어지며, 지성도 늘어나기 때문에 서로 상통하는 게 많아진다. 그래서 이해 폭도 넓어지며, 노력에 따라 뇌의 뉴런도 자기 자신이 만들어 갈 수 있다. 나는 지식인보다 지성인을 더 좋아한다. 지성은 자연의 것이며 우리 몸도 자연생물체로서 자연 속에 살아가고 있기 때문이다. 지성이 발달하여 감성의 공감대가 높아지면 일치와 공감으로 사람 사이에 일체감이 생겨 안전함을 가질 수 있다.

바버라 에렌라이크 미국 언니의 『긍정의 배신』 속에서 나와 같은 리듬을 발견하고 소통이 잘되며 이해가 많이 되니 뇌에 걸리는 것 없이 편해진다. 난 세상을 살면서 무엇을 조금 알고 나서부터는 긍정을 좋아해야 살 수 있었다. 긍정이란 낱말은 나의 두뇌에서 긍정을 인식하는 센서의 기능을 가장 높게 만들며, 내 몸속에서의 반응 또한 이를 의심하지 않고 정상으로 받아들인다. 긍정은 자연의 존재인 인간들의 몸속에 긍정핵이 있음을 알리고 자연과 사람, 사람과 사람은 텔레파시하며 신호 전달로 인지하여 알아차리고 긍정 나눔으로 같이 살아가도록 해야 함을 알리는 인간생명의 질서인 것이다.

맑은 바다에서 긍정의 파도를 타다

그래서 항상 완전한 긍정을 찾고자 하는 나에게『긍정의 배신』
은 지적 욕구를 채워 주었다. 이 책은 긍정을 이미지로 상품화하
는 상업주의적 기업들과 기업교회들과, 사고혁신 프로젝트사, 긍
정교육 강사들이 긍정에서 환상을 추출한 모르핀을 상품화하여
팔기도 하는 미국사회를 비판하고 있다. 지성인 바버라 언니는
긍정이 무엇인지 잘 아시는 분으로 인간에 대한 존엄이 없는 무
지한 자본주의와 신자유주의 미국 국가의 사회적 문제를 오랫동
안 연구 분석하여 선량한 국민들이 속고 있는 상황들을 전 세계
에 메시지로 띄우고 알리는 역할을 했다고 나는 이해했다.

사람의 몸에는 긍정 핵이 있다. 긍정은 선량함과 통해서 마음
을 편하게 한다. 신체는 부모의 DNA 유전에 의해 여러 유형으
로 태어나지만 공통적으로 사람의 몸은 긍정하는 것이 우선이며
긍정과 부정의 흡수체와 반사체가 호르몬으로 조절되는 종합·복
합·다양체이다. 감각과 느낌에 따라 개인 차이는 크지만, 긍정인
식지능과 체험으로 체세포가 열려 두뇌인식 지능의 생각과 몸의
오감이 자율적인 반응을 하도록 시스템 되어 있다.

우리들은 저마다 가진 에너지의 속성으로 자기의 기질, 기세
표현을 하는데, 긍정과 부정도 사회 속에서 유유상종하며 인연의
연결로 살아간다. 우리들 앞에 놓여 있는 공간은 눈에 보이지 않
는 에너지로 차 있다. 한 사람의 반응 에너지가 주변의 에너지와

사람에게 전달되어 긍정하면 자연 순환으로 전체가 같이 편하지만 부정하면 전체의 기분이 편하지 않다. 사람은 무엇이든 오감으로 포착하면 두뇌에 센스 등이 켜진다. 이때 긍정바탕의 이치를 깨달아 알아차리는 인지능력은 마치 습자지와 기름지에 먹물이 흡수되는 정도의 차이처럼 크게 난다. 정확하고 명확한 진실 감지를 하여 인식하고 식별하는 판독 능력은 두뇌에서만 맡는 것이 아니고 우리 몸 전체가 보유하고 있는것인데, 이때 긍정이 높은 사람은 분별력이 있지만 분별력이 낮으면 어정쩡하게 대하거나 안절부절. 우왕좌왕, 전전긍긍하고 때로는 멍하기도 한다.

우리 몸은 긍정을 흡수하면 좋게 느끼지만 싫으면 부정으로 반사되어 몸이 편하지 않게 된다. 안전과 위험, 유리함과 불리함을 자기의 기준대로 인식하고 긍정으로 흡수하거나 부정으로 산란하게 반사하는 반응체이다. 우리는 상대적 반응으로만 인간관계를 이해하고 있지만 더 속 깊이 상세하게 알아야 이해하고 긍정할 수 있다. 또한 이는 개인의 유형에 따라 다르다. 우리 각각 개인의 내면에서 일어나는 생각과 몸의 움직임이 일으키는 에너지 파동이 있지만 이것은 눈에 보이지 않는다. 에너지 파장이 길고 직선으로 강하게 나가는 것, 짧고 강하게 나가는 것, 강하고 세게 팍팍 나가는 것, 업다운 연속의 부드러운 곡선으로 이어나가는 것, 둥글게 퍼져나가는 것, 아메바 움직임 같은 모양의 조율 조절성이 높은 것, 조심성이 높아 점점이 나가는 여러 가지의 유형이 있지만 우리는 서로 다른 파장을 이성적 조절로 연결할 수 있다. (188~192p 인간의 기질에 의한 기세유형과 관계에 의한 기세력 참조)

이 에너지 파장은 무수하게 보이지 않는 방사형 에너지 끈과 끈으로 연결되어 상대방을 직감할 수 있고 느낄 수 있게 한다. 일반적으로 진출성이 높고 창의적인 에너지유형의 특성은 자유로워야 편한 양 체질이며, 음 체질 유형은 에너지가 나직하게 떠서 양 체질보다 상세하고 세밀하다. 높게 치솟는 진출성 에너지에 큰 힘에 소속되길 원하는 의존 모방형이 있는 이유이다.

여러 에너지의 유형에 따라서 다양한 사회 역할들을 긍정으로 행하게 되면, 에너지는 시너지가 생긴다. 자연과 우주는 비어 있지 않고 전체가 에너지로 차 있는 연결된 공간이다. 파장을 갖고 반응하는 에너지는 강과 약, 즉 플러스와 마이너스 변동의 흐름을 갖는다. 이 속에서 모든 사람은(모든 물체와 물질은 에너지가 있다.) 에너지 끈으로 연결되어 공생하며 발전되고 창조되어 나간다. 지구의 공기 캡슐 속은 우주보다 압력이 높아 에너지의 반응이 크다. 인간은 시간이라는 한정된 개념을 잡아 '빨리빨리'를 '많이많이'로 강화하려 한다. 이렇게 어느 한쪽이 강화강세 되면 모든 물체가 연결된 에너지 파장의 반응으로 전체에 영향이 퍼져 모두가 같이 강력해지기 시작한다.

이런 상황 속에서 우린 지금 감당하기 힘든 고압력, 고밀도로 이루어진 고속시대에 살고 있어 바른 생각의 바탕인 긍정을 잡을 정신이 없기에 살아갈수록 사이코패스들이 많이 생겨난다. 인간은 말하고 움직이기 때문에 많이 모여 있으면 모여 있을수록 에너지 파장 끈의 진동이 빨라지고 몸의 반응도가 높아진다. 자신도 모르게 몸이 감각에너지를 많이 써야 하기에 빨리 피곤해지며 아드레날린이 축적되는 만큼 나이가 들수록 공해를 많이 받고 개인적 이기가 생기게 된다.

우리의 두뇌에서 센스 등이 켜지고 외부를 판독하여 반응하면서 전신체로 신호를 보내는 속도는 전기가 흐르는 속도와 같다. 우리들의 몸은 두뇌와 신체 외부에서 일어나는 여러 가지의 일을 통해 지속적으로 두뇌와 신체에 많은 체험과 지식들이 저장되어 가면서 자신이 자신을 만들어 가는 것이다. 즉, 인생의 프로파일은 이성을 담당하는 두뇌 속에 있고 두뇌의 센스 등이 켜지면 전기신호를 전달받은 신체는 상대방과 감성을 통해 순환, 소통하기 위해서 말과 행동을 조율하며 일치시켜 나간다.

그런데 뇌의 긍정성장이 안 되어 인지부조화에 걸리거나, 신체의 부실장애로 긍정 텔레파시 전달속도가 늦고 판독을 사실대로 할 수 없는 경우가 있다. 즉, 부실 미달로 오류가 생기면 교감장애가 생긴다. 이 경우는 상대와 자신을 일치시키는 이해력이 낮기 때문이며 대부분 부정 반사 반응으로 표출되게 된다. 한편 뇌

맑은 바다에서 긍정의 파도를 타다

와 신체가 멀쩡한 사람도 자신의 유리한 입장과 이익을 위해서 뇌의 정상적인 긍정 코드를 쓰지 않고 사실과 다르게 꾀와 수를 써서 오류를 범하는 경우가 있다. 이 경우 긍정 정상을 벗어나는 부정으로 스스로 비정상을 우긴다. 이런 경우가 여러 번 반복되고 세월이 가면 인지부조화를 자초하게 되고 부정의 사회악이 발생한다. 정치를 하는 무지한 사람이 이런 경우가 되면 권력을 빌려 반대자를 죽이는 것조차 예사롭게 한다.

두뇌가 긍정으로 정상 발달이 되어 나가면 체계적이고 입체적인 구조 형성으로 생각의 양과 길이가 길게 연결되어 기억량이 많아지며, 모든 사물들을 이해하는 인지도가 깊고도 높아져 자연스럽게 세상의 이치를 깨달아 알아차리며 자기성장 한계점이 높아진다. 사람의 두뇌는 글로벌 시대에 더욱 긍정으로 입체적 사고가 되어 다문화 속에서 이질감을 줄이는 이해가 서로 가능하도록 해야 한다.

그래서 지금의 시대에서 중요한 인류 공동의 과제는 긍정을 교과서 필수과목으로 어릴 때부터 교육하여야 하는 것이며 세계 각국에서 긍정을 정리하여 재평가하고 지속적으로 연구하여 긍정 학문을 세워 교육하고 사람의 인체에 있는 긍정 파일을 재생시켜야 할 것이다.

그렇게 해야만 인류는 21세기에 안전한 평화의 길로 들어갈 것이며, 우리의 후손들이 미래지향적으로 살며, 긍정으로 희망이

보일 것이다. 긍정은 자연지성의 원리이며 법칙이며 순환소통이
며 상생교류의 대원리이기 때문이다.

  전 세계 국가별로 긍정학문을 세워서 긍정 바탕교육으로 다시
인간화시키지 않으면 인류가 다 같이 제대로 살아가지 못한다. 인
류는 긍정이 빠지면 부정을 제어하지 못하기 때문이다. 마치 핸
들이 빠진 자동차가 엄청난 속도로 달리는 것과 마찬가지다. 70
억 인구는 70억 개의 움직이는 자가발전기다. 인간을 움직이는
핸들은 긍정으로만 바로잡힌다. 긍정이 역할을 못 하면 서로 귀
하게 여기지 않고 갈등이 생기며, 생각이 자라지 못하고 기세기
분에 의한 감정에 몰입하여 나쁜 기분을 예민하게 느끼게 되고
서로 기세대립, 기세 재기(도토리 키 재기)가 증폭되어 기세마찰, 기

세충돌로 분열이 일어나고 전
쟁이 일어나게 된다. 지구의 거
대 공기 캡슐 속에서 같이 살
아가는 자연생물체인 사람들은
인구수에 관계없이 한 사람 한
사람을 귀하게 여기고 사람과
사람이 서로 좋아지는 긍정을
완전히 받아들여 연구하여 인
류의 기초교육으로 인지되어야
서로 안전하게 살아갈 수 있다.

내가 그린 그림 3

맑은 바다에서 긍정의 파도를 타다

긍정원리의 개념과 낱말

...

긍정은 자연법칙의 공식이며 관계와 안전, 생존을 보장한다. 합리적이고 과학적으로 두뇌사고 형성이 좋아져서 모든 것을 명확하게 판독하며, 관찰력과 통찰력이 생긴다. 인류가 어느 시대든지 살아가는 데 좋은 모든 것이 긍정이다. 우리 몸속에 긍정 핵이 제대로 작동되어 서로 긍정하게 되면 좋아하고 긍정이 빠지면 불안해진다. 긍정도 부정도 전염이 빠른 것은 사람이 각자 에너지 파장 끈으로 연결되어 공감하는 속도가 전기의 흐름처럼 빠르기 때문이다. 뇌 가소성을 통해 긍정으로 뉴런을 발달 성장시켜 인식하여야 마인드 센터가 바로잡히고 자기 바로미터가 확실해진다.

그래야만 긍정 핵이 제대로 가동되어 신호와 전달로 주고받고 바른 관계를 하는 데 아름다운 소통 긍정관계로 긍정연결이 이어져 퍼져나간다. 우리들이 지능적 긍정반응으로 살아가는 내용을 생각하고 실천을 해야 한다. 이미 알고 있는 것이지만 긍정을 낱말로 만들어 전체를 정리하여 분별하고 정확하게 생각하도록 해야 한다. 우리들은 아래의 낱말들이 언제 만들어진 언어인지 그냥 전해 듣고 그냥 따라 왔지만 나는 확실하게 알 수 있을 때까지 분석하고 느끼고 개념을 만들고 다시 정리를 해야 했다.

내가 알고 싶었던 낱말을 개념하다

• **생각:** 뇌에서 할 수 있는 상상과 환상. 추측과 생활기획과 일을 프로그램 하는 모든 것으로 뇌의 뉴런 프로파일에 저장된다. 생각의 길이와 용량은 스스로 체험한 것을 지성과 기억된 지식으로, 종합하여 입체화된 뉴런의 연결 네트워크로 확대되는 것에 비례적하여 개인에 따라 아주 크게 차이 난다.

• **마음:** 직관을 알려주는 진동이 먼저 솟아 일어나는 곳. 마음은 가슴에 있는 차크라의 하나이며 조직을 돌면서 순환하는 혈액이 분출되는 심장에서 기분 기세가 반응 소통되어 순환하고, 불통되어 압력을 받는 정도에 따라 진동이 먼저 일어나는 곳이다. 진동은 민감하게 몸 전체의 혈류와 신경에 퍼져 편안함이나 벅차오르는 감동의 전율, 불편한 느낌의 답답함이나 경악하는 놀람, 무서움의 소름 같은 상세한 느낌으로 몸 전체에 전달된다. 몸에서 일어나는 이러한 느낌들의 반응은 기억이 되어 저장되며 마음은 감정(기분 이미지)에 따라 에너지

맑은 바다에서 긍정의 파도를 타다

를 조절, 조율한다.

- **정신:** 올바른 생각을 바로잡는 힘. 정신은 긍정생각을 정확하게 중심에 잡는 뇌력이며 인간은 우주의 지능적인 정신의 파장에 일치하길 원한다.

- **영혼:** 잠재의식 기운의 상상이다. 영혼은 존재가 없다. 에너지 기세를 조율하는 생각이 현실을 떠난 비현실적 환상 속에서 상상하는 몸이 없는 자유로움이다.

- **기도:** 사람이 자연의 한 부분으로서 자연에너지의 긍정적 힘을 채우고 텔레파시에 연결하려는 소망적 의식이다.

- **무의식:** 뇌의 기억파일에서 찾을 수 없지만 이미 체험한 적 있는 무언가가 몸의 반응기억으로 저장된 것과 잠재의식이 합해진 본능적 기운이다.

- **의식:** 뇌에 저장된 기억파일 속에서 지금 필요한 생각을 찾았거나 지금 떠오르는 생각에 뇌의 센스 등이나 센스 가로등을 켜고 집중하는 상태.

- **잠재의식:** 아직 표출되지 않은 추상적인 인간본능의 욕망에

서 느끼는 무한한 에너지.

• **긍정:** 자연의 일부분인 사람이 대자연 속에서 순환 대사하는 감각지능. 소통의 원리를 알고 분리되지 않고 일치 체화하여 하나로 안전하게 감각하는 지능이며 다 같이 살아가는 데 좋은 모든 것.

• **감성:** 몸에 흐르는 에너지를 기분으로 느낌.

• **감정:** 마음에 따른 기분 이미지로 기억하는 것.

• **이미지:** 빛과 색과 에너지의 강약 느낌대로 촬영하는 것. 동물과에 속한 사람은 약한 사람들이 동물적 감지력으로 강한 사람에게 소속되기를 원하여 동질적인 모방형이 된다.

긍정원리의 낱말
• **순수:** 사물과 일을 이해하고 받아들이는 데 왜곡되지 않는 것. 서로 관계에도 이물질이 섞이지 않는 투명함

• **사랑:** 일치일체감으로 조건 없이 좋아하는 감정

• **순결:** 부정이 없고 때 묻지 않은 고귀함

맑은 바다에서 긍정의 파도를 타다

- **진실:** 거짓으로 왜곡되지 않는 바른 선

- **친절:** 타인을 대할 때 경직되고 긴장하지 않으며 쉽고 편하게 대하는 것

- **온유:** 순함, 힘(기세)이 들어가지 않는 부드러움

- **믿음:** 흔들리지 않는 관계

- **겸손:** 상대방이나 남을 인정해 주는 것

- **이해:** 앎, 알아차리는 것(태클이 걸리지 않는 것)

- **정의:** 너와 나의 합리적이고 공평한 물질의 분배(개인과 집단이 부를 많이 축적하면 자연의 교류상생 법칙에 따라 힘의 밸런스가 맞지 않아 균형이 무너져 세상이 시끄럽다.)

- **감사:** 고마운 생각과 마음

- **포용:** 상대방을 흡수하여 합일치 체화하는 것

- **인내:** 나 자신에게나 남에게도 기다려 주는 것
- **절제:** 힘(기세) 조율(나쁜 생각이나, 말, 행동을 스스로 자제하는 것)

- **청결**: 물건과 공간을 깨끗하게 하는 것과 생각과 말과 행동 하는 자신을 깨끗하게 하는 것.

- **정리**: 제자리를 정하여 놓는 것. 정리를 유지하면 공간이 넓어진다. 자신의 생각도 타인과의 관계에서도 불필요함을 없애는 것

- **규칙**: 관계와 공동이 실행하는 것을 서로 맞추기 위해 정하는 것

- **체계**: 퍼즐 맞추기처럼 순서를 정하고 잘 짜서 맞추는 것(체계적 발달은 뇌의 용량이 커진다.)

- **예절(인사와 태도)**: 나를 지키면서 상대방도 지켜주는 것

- **이타적**: 남의 사정을 공감하고 포용하여 이해하고 이롭게 하는 도덕적 지능감각

- **의리**: 사랑을 지켜 이어 나가는 것

- **선행**: 남을 위한 행동

- **존중**: 남을 생각하여 배려하는 것

맑은 바다에서 긍정의 파도를 타다

- **근면:** 게으르지 않는 것

- **성실:** 꾸준하게 자신을 채워 성장해 나가는 것

- **검소:** 시간과 물질의 낭비가 없이 관계에서도 필요 부분만을 채워 나가는 것

- **건전오락:** 인생의 정해진 시간을 낭비하지 않는 예술 문화의 유익성

- **환경보호:** 나 자신에게 나쁜 생각과 말과 행동을 시키지 않고 내가 쓴 물건들의 쓰레기를 최소로 줄여 뒤처리를 잘하며, 나아가서 우주와 바다 속에 쓰레기를 버리지 않고 쓰레기를 만들지 않게 하는 것.

긍정은 자연의 깊은 지성이 네트워킹 하는 지능이다. 긍정은 지능과 능력이다. 긍정은 대자연의 생물체인 사람들의 투명한 진정성이다. 사람은 긍정하면 지혜가 생겨난다. 사람을 대할 때 나를 대하는 것같이 해야 맞다. 긍정은 공기 속에서 같이 숨 쉬고 물을 먹고 사는 자신의 생각과 반응이 상대방과 같이하도록 하는, 관계가 긍정하는 근본적인 올바른 생각과 태도이다. 긍정의 수치가 높을수록 긴장하지 않아 세포가 열리고 감각과 느낌이 차

츰 발달된다. 지성이 우주 속에서 만물을 쉽게 접하고 익혀 같이 일치하고 소통하며 순환되어 돌아가는 원리이다. 긍정이 바탕된 생각으로 관념이 뚜렷해지면 어떤 경우에서도 부정을 분명하게 분별할 수 있어 힘을 소진하지 않는다. 긍정은 조절조율성이 높다. 그리고 걸림 없이 순환하는 편함이다.

위에 언급한 긍정 항목은 생물체적인 인간들이 보편적으로 지켜야 하는 공식으로, 자신과 가족 간이나 사회적 관계에서도 힘을 연결하여 인류가 안전한 창조의 역사를 만들어 나가게 되는 구조를 형성하는 보편적 공식이며 개인이 지능력을 키워 존재를 확장하는 데 필수 항목이다.

심리학에서는 다중지능을 연구하고 이론을 정리하여 우리들에게 이해의 폭을 넓혀 주었다. 자연친화 지능, 공간 지능, 자기이

해 지능, 대인관계 지능, 논리수학 지능, 언어 지능, 신체운동 지능, 음악 지능 등의 모든 지능력을 키우기 위해서 긍정의 낱말이 DNA에 체화되어 세포가 긴장 없이 열려야 다중 지능의 자기개발이 가능해진다.

내가 그린 그림 4

맑은 바다에서 긍정의 파도를 타다

인간은 안전해야 한다

...

    일치일체감으로 자기 체화하는 본능이 강한 인간은 가족관계 및 사회적 관계 연결 구조로 살아가는 종합적 복합 다양체로서 개인적으로는 우선 생명안전의 욕구가 강하다. 생각을 조율하지 않으면 힘도 조절이 되지 않기 때문에 이성적인 생각, 긍정이 없이 가열된 부정한 인간들이 욕구를 채울 때 반드시 문제가 발생한다. 반대로 긍정으로 두뇌사고 구조를 형성하면 관계긍정으로 이어지며 사회도 건강하고 평화로워진다. 인류는 긍정학문을 세워 연구해야 할 공동의무와 책임이 있다. 인간은 긍정반응을 통해 긴장하지 않으며 서로 편하고 좋아하며 살아야 한다. 지나친 산업발달 속에서 개발과 기계 발달로 지구가 파괴되어 간다. 이 시대는 지나치게 발전되어 가는 과정에서 인간사회의 이해관계 대립양상이 인간파괴로 심화되고 있어 부정이 난무하여 사건 사고와 전쟁이 끊임없이 반복하여 일어나고 있다.

지구도 거대한 생명유기체로 반응을 하는데 인간들은 어떻게 할 것인가? 우리는 지금 미래의 인류에 대하여 많이 생각하고 안전을 찾아 나가야 한다. 인류는 이미 달과 화성을 연구하고 있지만 지구를 더욱 많이 연구해야 인류가 살아가는 비용이 가장 적게 들고 안전성이 높다. 지금도 늦지 않았다. 인간은 공동운명체로서 긍정 고리를 이어 발달하여 나가면 서로 좋은 결과를 볼 것이기 때문이다. 우주와 자연은 무한의 에너지로 우리가 이용할 물질과 기술 자원도 아직 풍부하며 우리는 발달하면서 창조할 것이기에 걱정 없다. 다만 불안하게 부정하고 싸우고 전쟁하지 않고 긍정으로 화합하면 된다. 유엔이 먼저 국제사회에 대해서 공정을 지켜 신뢰를 회복하고 긍정으로 영향력을 높여야 한다.

긍정하면 안전감이 소통일치되어 다 같이 행복해진다. 아름다움은 모든 좋은 것의 조화로움이기에 긍정하면 조화로우며 아름답다. 긍정은 공정한 것이기 때문이다. 긍정으로 두뇌의 사고 구조를 형성하면 관찰과 통찰력이 생기고, 지혜가 생겨난다. 지혜는 긍정을 연결하는 고리이다. 마치 퍼즐을 맞추어 나가는 것같이 지금과 그 다음에 무얼 해야 하는지 자기조회를 하여 상대가 무엇이 필요한가를 알게 되며, 스스로의 생활을 프로그램을 할 수 있는 주체가 된다. 인간은 지성과 지식과 노동으로 인생의 퍼즐 맞추기를 잘해 나가야 한다.

복잡한 시대에 무엇을 해야 하는지 모르는 사람들은 우울증이 많다. 우울증은 자기 프로그램을 못 하는 상태이다. 두뇌 속에서 자기 현실생활을 프로그램 못 하여 뇌 속 빈 공간에서 뉴런이 성장하지 못하는 상태로 멍하거나 안절부절못하고, 어정쩡하며 우왕좌왕, 전전긍긍하고 있어 에너지 끈이 타인과 관계연결을 못 하고 있는 상태이다. 그래서 사람과 제대로 에너지 끈을 이을 심리 상담자들이 이 시대에 늘어나고 있는 것이다. 정신이 바른 생각을 잡고 긍정해 나가면 인체의 반응도 또한 정상으로 작동하게 된다. 긍정은 우리들의 몸속에서도 순환소통을 하여 대사순환이 잘된다. 답답한 화병도 줄어든다.

인류는 기계산업과 우주과학, 기타 수많은 학문을 상세하게 연구하여 그 범위는 확대되고 모든 것이 계속 발달과정에 있으며 많은 것을 알게 되었다. 그 과정에서 물질도 풍부해졌다. 하지만 그렇기 때문에 생긴 문제가 있다. 너무 많이 가지게 되면 귀하지 않게 된다는 것이다. 인간은 주변의 모든 것을 귀하게 여길 줄 알아야 하는데 그렇지 못하고 있다. 특히 사람이 사람을 귀하게 여기지 않는 것이 가장 큰 문제인데 긍정 지성이 낮아 미성장, 미발달된 사람들이 자기 욕구만을 충족하려고 강한 기세로 가열되면 긍정이 부족해지고 정치와 사회는 한계에 부닥치며 왜곡되어서 산업도 어려워진다.

이렇게 한계에 부닥치는 시간이 빨라지고 있기 때문에, 기세를 낮추는 시스템을 시작해야 한다. 이대로 시대가 흘러가는 대로 둔다면 인류의 절정기를 빠르게 넘어서 인류 쇠퇴기로 접어들게 될 것이다. 다 같이 살아가는 긍정을 교육하여 새롭게 개념이 잡혀야만 인류의 보편적 가치가 제대로 가동할 것이다. 그리고 지금 이 시대는 인류의 빈부차이가 엄청나서 일치할 수 없는 기세 대립시대다. 대립은 부정 불통의 악순환 고리다. 이 시대의 높은 긴장성을 가져온 범인은 바로 불안한 부정이다. 그렇지만 긍정의 선순환을 제도적 교육으로 가르치면 세상이 달라질 것이다.

긍정학을 세워서 전 세계가 국가별로 공동 프로젝트를 세우지 않으면, 인류의 대립반응의 경쟁은 서로가 기세를 당겨 속도감만 높아지고 미래가 불안한 암흑이 되지 않겠는가? 대립하면 세어지고 자꾸만 강기세로 나간다. 긍정하지 못하면 부정적 대립기세가 되어 죽어도 지기는 싫은 것이 또한 인간의 속성이기 때문이다. 그러면 끊임없이 전쟁이 일어날 것이다.

다 같이 협력하여 유엔에서 각국에 제의하라. 인류의 역사를 돌이켜 보면 무지의 과오로 엄청난 전쟁들과 사건들이 발생되어 수많은 인류가 엄청난 고통을 겪게 되었고 파괴의 역사가 인간성을 퇴행시켜 문제를 일으켰다. 우리가 지금 이 시대의 주역으로서 책임감을 갖고 긍정을 과제로 연구하여 강화해야만 개인과 집

맑은 바다에서 긍정의 파도를 타다

단, 국가 간 관계는 물론 나아가서 대자연과 상생, 협력, 교류관계를 회복하게 될 것이다. 사람은 긍정 생각을 많이 해 볼 수 있어야 한다. 두뇌 회로 뉴런의 기억 연결이 길어지며 지능이 높아진다. 자신을 성장시키는 정신의 영양소이다. 비용이 들지 않으며 세금도 낼 필요가 없다.

긍정을 가르치자. 그냥 긍정으로 생각하고 생각하다 보면 여러모로 변화되는 사람들을 흔히 우리 곁에서 볼 수 있다. 이는 뇌 가소성의 힘이다. 두뇌 부정 장애 회로는 기억에서 차단하고 긍정의 바르고 좋은 생각을 늘리고 회복하는 게 가능해지면 긍정 호르몬의 신체반응으로 건강해져서 우리는 다시 발달될 수 있다. 그리고 인간관계에서도 긍정 반응의 전염이 빨라져 관계 유연성을 통하여 긴장하지 않는 사회로 나갈 수 있으며 인간 두뇌구조의 긍정바탕과 합리적인 유연성을 통해 사회 각계각층 구성원들의 관계 조절조율성도 높아진다. 이제라도 전 세계에서 각 국가마다 긍정학을 필수과목으로 의무화하여 국가가 제도 교육화를 해야 한다.

긍정과 건강

...

  긍정을 찾으면 인간의 본연은 아름답다. 나누고, 순환 소통하
도록 하자. 긍정하지 않으면 부정이 생길 수 있다. 긍정은 물체
의 교집성으로 서로 힘을 얻는 데 반해 부정은 분열하여 파괴되
는 것이다.

  우리 인간 생물체는 물과 에너지의 속성의 원리를 통해 폭넓은
감성의 느낌대로 감지하고 움직이며 살아간다. 우리 혈액 속의
호르몬은 서로 자기 체화하는 군집 본능으로 긍정하면 서로 같은
기세(에너지)로 흐르고 편하게 순환하는 상태가 되고, 약간의 부정
이 긍정을 자각하는 데 필요할 때도 있다. 하지만 부정이 커져서
성하면 서로 맞서는 기분 나쁜 상태로 단절되어 기세압력이 높아
지면서 힘들어진다. 이런 상태가 지나치면 스트레스가 되어 우리
몸의 지각 감각과 올바른 생각이 방해를 받게 되며, 몸속에서는
스트레스 호르몬이 분비되어 긴장감이 높아지고 압력을 계속 받

게 되면 병의 원인이 되기도 한다. 몸의 면역이 지나친 반응을 일으키는 과민반응이 알레르기가 되는데 부정된 몸속에서는 면역의 과잉된 반응이 쌓여 알레르기 반응으로 고질화될 수 있는 것이다.

자연의 미생물군에서도 호기성과 혐기성의 두 성질이 끊임없이 나타나듯 우리 몸 안에서도 기분을 편하게 하는 엔도르핀 호르몬과 기분을 나쁘게 하는 아드레날린 스트레스 호르몬 반응이 생명과 죽음의 완전히 다른 성질로 우리 몸에 크게 영향을 미친다. 자연 상태에서 호기성 미생물들은 발효를 통해 김치, 된장, 치즈, 식초, 술과 같은 제3차 가공식품을 만들어 인류에게 훌륭한 맛과 영양을 제공해 주지만, 혐기성 곰팡이는 유기물을 썩어 없어지게 하여 오랜 시간 삭혀서 거름으로 만든다. 이는 생명에 꼭 필요한 물질이며 흡수되어 다시 생명으로 유기 순환하는 질서가 자연에 있다.

또한 자연생물체인 우리 몸의 삶과 죽음의 비밀도 여기에 있다. 자연 속의 생명은 호기성으로 서로 관계의 필요성에 의해 주고받고 지속되지만 죽음은 불필요함과 혐기성이 지나치게 활성화된 것이다. 호기성에 약간의 혐기성을 더하는 것은 스파크로 열을 높여 주는 데 필요하지만 혐기성이 성하면 썩는다. 인체에서도 긍정호르몬과 부정호르몬이 생명과 죽음의 큰 차이를 낼 수 있으며 이는 극과 극의 성질이다. 긍정은 인간 세상의 이치로 생명의 원천이지만 부정은 불일치이자 불필요한 것으로 이음이 없고 끊어진다. 그리고 다시 생명력을 찾으려면 긍정으로 돌려 자연 순환계 질서에 순응하도록 정해져 있지 않은가?

인간의 성품을 올바르게 갖추게 하고 성장시키는 긍정을 알고 긍정하여 나가면 통찰력이 생겨 자연이치와 원리를 알게 되는 삶을 살 수 있다. 지금 이 시대에서 긍정만이 새로운 인류역사의 희망의 프로젝트이다. 지구라는 공기캡슐 속에서 같이 살 수 없으면 같이 죽는 인류의 운명이 달려있다. 인류는 공동운명체인 것을 부정할 수는 없는 것이다.

부정이 무엇인가? 생각이 부실하거나 지능이 모자라서 긍정하지 않거나, 자기 욕구나 기분감정에만 힘을 쓰게 되는 것이 부정이다. 개인이나 집단의 관계는 물론 국가권력이나 민족분쟁이나 국제관계 모두가 부정으로 지속되면 사람이 위험해지며 죽게 만든다. 긍정은 이어져 같이 나가지만 부정은 분열과 왜곡과 끊어지는 것이라서 관계를 위험하게 한다. 긍정과 부정의 비교비표를 만들어 상대적으로 명확하고 분명하게 개념하고 뚜렷한 분별이 되도록 부정의 낱말을 읽어보자.

맑은 바다에서 긍정의 파도를 타다

1〈미움〉 2〈거짓〉 3〈무례〉 4〈포악〉 5〈교만〉 6〈자만〉

7〈오만〉 8〈오해〉 9〈경솔〉 10〈불만〉 11〈산만〉 12〈불결〉

13〈불신〉 14〈배타적〉 15〈분노〉 16〈배신〉 17〈이기심〉

18〈교만〉 19〈질투〉 20〈시기〉 21〈무시〉 22〈게으름〉

23〈낭비〉 24〈증오〉 25〈사치〉 26〈불의〉 27〈욕심〉

28〈환경오염〉 29〈무조건적인 쾌락〉

인간의 기질에 의한 기세유형과
관계에 의한 기세력

...

1. 간이 강한 기질(주도, 진출, 개척형)

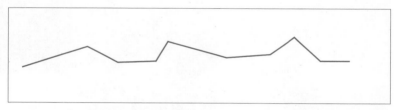

: 양 체질로서 넓고 툭 트인 곳을 좋아하고 적응력과 이해력
이 높다. 날렵하며 전체를 보고 빨리 파악하고 전체적 프로그램
을 짤 수 있다. 에너지를 저장시켜 쓸 수 있도록 많이 먹으며 쉽
게 다운되지 않고 흡수 수용이 크고 남에게 너그럽다. 자연의 원
색인 밝은 색을 좋아하며 어울린다. 진출성이 높아 에너지파장이
높고 길게 나간다. 발달하면 자연의 고주파를 타는 고감도가 고
지능으로 발달할 수도 있다.

맑은 바다에서 긍정의 파도를 타다

2. 심장이 강한 기질(주도, 안전 관리형)

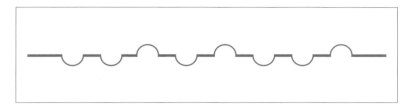

: 음 체질로 아담한 공간에서 부분적으로 상세하고 세밀한 프로그램을 잘하며 평가를 꼼꼼하게 한다. 동정심이 강하나 꼼꼼함이 소심하고 잘게 보이기도 한다. 기분에 민감하며 감정선이 약해서 쉽게 감정이 상한다. 붉은색이 어울린다. 에너지 파장이 낮고 짧고 강하다.

3. 췌장이 강한 기질(앞선 진출형)

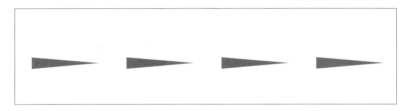

: 양 체질이며 배의 갑판장 시선으로 순간을 포착, 감지한다. 소화력이 좋아 음식을 많이 먹고 에너지도 많이 쓴다. 생각보다 말을 먼저 하고 실천행동에 강해서 주선을 쉽게 하지만 뒤가 흐리다. 마무리가 안 되어도 또 다른 새로운 일에 관심과 호기심이 많으며 자기 선호에 따라 진출기세가 강해서 앞으로 나가지만 지나간 뒤는 잊어버린다. 다양성이 약하다. 눈에 띄지 않는 중후한

색상을 좋아한다. 에너지 파장이 강하고 팍팍 세다.

4. 방광이 강한 기질(진출 관리형)

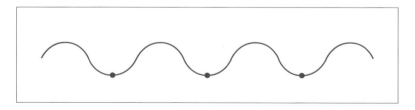

: 음 체질로 인체 보일러인 위가 약해서 한 번에 음식 먹는 양이 적으며 머리숱이 많은 핸섬한 모습에 파스텔 톤이 잘 어울리고 여성은 분홍과 보라색을 좋아한다. 부드러움으로 인해 다운이되기도 하지만 업 되면 세상이 한눈에 들어와 조율하여 진출하기도 한다. 에너지 파장은 업, 다운하는 부드러운 곡선이다.

5. 폐가 강한 기질(둥글고 자기관리, 독자적 연구형)

: 양 체질로 활발하지만 에너지가 둥글어 기세가 편한 편이며말소리가 강하거나 세지 않고 우기지 않아 영향력이 낮은 것 같지만 독자적이며 가장 편한 이미지를 가지고 관계가 성실하다.폐가 강해서 바닷속에서 호흡이 길다. 자기성실도가 높고 스트레

　　　　　　맑은 바다에서 긍정의 파도를 타다

스를 비교적 주고받지 않으며 하얀색이나 중간색이 어울린다. 에너지 파장이 둥글게 떠 있다.

6. 대장이 강한 기질(주도, 안전 진출형)

: 음 체질로 나직하고 꼼꼼한 성격은 조절력이 높아 세게 느껴지지만 안전하여 신뢰도가 높다. 여러 가지를 혼합한 짙은 색이 어울린다. 에너지 파장은 아메바 형태로 주위를 끌어모아 힘을 얻는다.

7. 신장이 강한 기질(절대 안전 관리형)

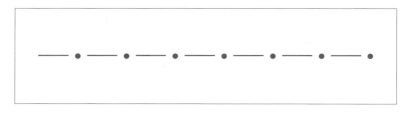

: 양 체질로 강하고 세지 않은 낮은 주파수로 꼼꼼하다. 돌다리도 두드려 보고 지나다 점 찍고 좌우를 살피고 안전을 확인하고 태연하다. 연한 색이나 강열한 색이 조화롭다. 에너지 파장이 짧아 점, 점, 점을 찍는다.

8.위가 강한 기질(절대 안전 진출관리형)

```

---------------------------------------------

```

: 음 체질로 기세가 강하지만 안전과 진출을 생각해 볼 수 있는 안전관리 능력이 뛰어나다. 중간색을 선호한다. 에너지파장은 낮고 강해서 상대적 진출상승에 태클이 될 수 있다.

위와 같이 사람은 오장육부에서 강약의 기본적 기세가 정해지며 유형이 나누어진다. 그리고 두뇌가 발달하고 얼굴형과 모습이 만들어지고 피부와 체형도 유형에 따라 정해지는 것은 부모들의 유전자를 받아 태어나기 때문이다. 물론 환경, 문화, 교육과 체험으로 자기성장을 계속하지만 능력도 사회적 역할도 유형에 따라 다를 수밖에 없다. 이런 것이 성격과 적성으로 나타나게 된다.

◎ 사람의 인체는 오장육부 장기의 강약 배열에 의해서 장기가 원하는 건강한 먹거리가 유형별로 정해진다. 바다의 해초인 미역, 김, 파래, 톳, 듬북(다시마) 등은 혈액을 생성하는 미네랄이 주성분이라 어느 유형이든 필요한 양을 먹어야 하지만 곡식류(쌀과밀)를 먹어야 하는 유형이 다르며 모든 육류(소고기, 돼지고기, 닭고기, 노루고기, 염소고기 등)는 간이 강한 유형이 먹어야 하며 모든 수산물(생선

맑은 바다에서 긍정의 파도를 타다

류, 어패류, 낙지, 오징어, 젓갈류 등)은 폐가 강한 유형이 먹어야 한다. 푸른 채소류(태양의 광합성작용으로 생성되는 엽록소를 함유한 모든 녹색채소)는 간이 약한 유형이 먹어야 하며, 모든 뿌리채소류(우엉, 연근, 당근, 무, 감자, 고구마, 인삼, 도라지, 더덕, 생강 등)는 폐가 약한 유형이 먹어야 하고 견과류(호두, 잣, 땅콩)와 버섯류의 먹거리들도 간이 강한 유형이 먹어야 하는데 이는 유형별로 태어날 때 이미 정해진다. 그리고 카레, 파, 계피, 산초, 생강 같은 매운맛과 향은 위가 약한 유형이 먹어야 건강을 유지하고 힘이 생긴다. 유형에 맞지 않게 먹는 음식이 병을 만든다. 소가 풀을 먹어야 하며 호랑이 같은 맹수는 고기를 먹는다. 사람들도 동물의 한 유형처럼 다르지 않다.

　자연물체인 사람은 산과 들과 바닷가 등 다양한 분포지의 자연환경 속에서 물질을 얻어 자신의 삶을 지속했을 것이다. 토착해서 살고 있는 그 주변의 환경에서 계절에 따른 먹거리들로 대를 이어 살아오면서 적응하고 힘을 쓰며 발달한 사람의 오장육부에 따른 유형별 먹거리가 정해졌을 것이다. 산에서 나는 먹거리나 들에서 나는 먹거리와 바다 먹거리를 몸에 맞지 않게 먹게 되는 것은 많은 병들이 생기는 첫 번째 원인이 된다. 지금 시대는 도시에 공급되는 모든 먹거리들을 모든 도시인들이 획일적으로 먹게 되어 더 많은 병들이 생겨나고 있다.

　◎ 사람의 장기배열에 의해 여러 유형이 되는 에너지 모양은

너그러움, 상세하고 꼼꼼함, 그리고 소심함이 성격적으로 나타나는 것처럼 저마다 장단점이 있다. 타고난 DNA가 있고 거기에 맞추어 두뇌 사고틀이 형성되는 구조로 무슨 인간의 유형이든지 사회적으로 연계되어 각자의 역할을 하며 공동의 사회를 이루는 것이다.

◎ 사람 인체의 장기 배열에 의해 기세력은 차이가 크지만, 남성과 여성의 양성에서는 구분이 없다. 여성이 강한 유형으로 태어날 수 있고 남성이라도 약한 유형으로 태어날 수 있다. 강한 것만 좋은 것이 아니고 약해도 자기 역할이 있다. 부모에게서 타고난 DNA로 인해 두뇌의 사고의 양과 크기가 다르며, 일을 시작할 때의 프로그램 순서도 다르다.

어느 상황에서 일의 전체를 한꺼번에 볼 수 있는 시야가 넓은 유형과 일부분만 보는 부분시야 유형은 두뇌가 순간 사고할 수 있는 양이 다르다. 또한 저마다 다 같은 한 가지로는 재미를 느끼지 못하며, 서로 다른 차이 때문에 즐거운 기분을 느낀다. 다양체 속에서 서로의 느낌을 주고받는 즐거움이 일어난다. 단, 긍정일 때만 즐거워진다. 각자 타고난 기세의 유형으로 사람은 상호관계를 하면서 기 작용, 기 반응을 일으킨다. 하지만 자기프로그램으로 기세를 세게 하면 기세는 대립충돌하게 되고, 더욱 강해지는 기세반응으로 세어지는 유형과 약화되는 유형이 있어 일시적으로 다운이 되지만 모든 사람은 유형대로 시간이 흐를수록 강해진다.

시간이 흐를수록 두뇌의 사고영역과 기억량이 많아지고 뇌의 뉴런이 늘어나면서 알게 되는 것이 많아지면 존재감이 높아져 기세가 차츰 세어지지만 자체적으로 밸런스 조율을 하여 커뮤니케이션을 한다. 모든 생명에는 에너지가 있는 것이 필수조건이기 때문에 우주 속에서 자연의 모든 것은 강하게 약하게 에너지가 흐르게 되는데 이 과정에서 서로 텔레파시로 상호 반응을 하는 긍정기세는 상대적 긍정 기세로 진출성이 높으며 특히 주변 흡수력이 높아 시너지가 일어나 더욱 상승세를 탄다. 에너지는 상승이 속성이기 때문이다. 사람 몸에 흐르는 호르몬의 작용으로 서로 당기는 흡수력은 군집본능의 요소이기도 하며, 사람은 자신이 강 기세에 흡수되어 상승될 경우 자기 자신의 강세가 진출하는 것으로 느낀다. 이것이 동일시의 모방이다. 이렇게 서로 자존을 넓혀 나가며 또한 진출기세로 지성이 발달하게 되는 것이 물질세계에서 융합창조를 이루는 원리이기도 하다.

사람의 기세에는 기분이 실려 있어 서로 다른 기세파장으로 감성적 기분을 느끼며 서로 본능의 욕구를 채워나가는데, 중요한 점은 그 과정에서 분배의 원칙을 지켜야 한다. 원칙에서 이탈되면 기분이 깨어져 분리 상태가 되어 버린다. 부정반응이 일어날 수 있다.

우리 인생에서 진출, 유지, 지탱의 반복기세 속 합리적으로 집합, 교집합이 되는 긍정기세의 통찰력은 미래도 예상해 나가며 진출할 것이며 수직선을 수평으로 바꾸는 밸런스가 인류의 두려운 어두움을 점차적으로 밝음으로 바꾸어 확산시켜 나갈 것이다.

인간의 기세는 기분이 담겨 있다. 그렇기 때문에 기세기분은 예민한 감성작용, 기세는 흡수와 반사작용, 기세흡수는 집합, 교집합 하여 에너지가 모여 일치감을 만들어 낸다. 일치감은 안전감이 되고 안전감이 평화로움이 되어 행복이 거기에 있다. 하지만 기세반사는 순식간에 기세가 압력을 받아 스파크가 생겨 에너지가 일파만파로 깨어지는 불안감이 장애파가 되어 괴로움이 생기는 것이다. 여기서 기세는 이성이 아니기 때문에 판단이 없다. 이성은 분별판단이 있지만 감성은 기분으로 나쁜 것 좋은 것으로 각 세포가 이어져 전기처럼 빠르게 혈액과 신경계가 반응을 한다. 우리들은 하루에도 외부 환경을 많이 접하면서 살고 있다.

식물은 부동이며 기세파동을 일으키지 않지만 움직이는 동물들은 먹으면서 에너지를 발전하여 동력이 높아 기세파동을 일으키면 파장이 높아진다. 사람은 이성으로 파장을 낮추면 서로 편해진다. 긍정파장으로 너무 좋아서 일어나는 감동으로 전율하는 파노라마와 무서움으로 몸에 전율되어 일어나는 소름은 다르다. 가족관계 속 역할과 정치, 사회, 문화, 교육, 예술, 종교 등 외부 환경요인에 따라 우리 몸의 세포가 예민하게 반응하는데 이때 이

맑은 바다에서 긍정의 파도를 타다

어져 있는 세포가 물결치는 파노라마의 카타르시스로 일어나 감
동할 때도 있다. 우리는 느낌과 감으로 영향을 주고받고 언제나
같이 살아간다.

물은 답을 알고있다 에모토 마사루

기세가 전달되면
자율적으로 좋은 점

...

    인류는 다양체의 인간으로 규정되어 있고 어느 시대이든지 삶의 환경은 다르지만 정신적으로 바른 생각이 진실, 선함, 아름다움, 거룩함이라는 것, 육체적으로는 식욕, 수면욕, 성욕의 기본 욕구를 태어나 자라면서 채워나가는 것을 서로 배운다. 그리고 만족하고 나누며 기분 좋은 느낌은 기세흡수를 하고 나쁜 기분은 기세반사를 한다. 하지만 인간의 두뇌도 제대로 발달이 안 돼 비정상적이고 부실한 두뇌는 이 같은 과정에 곤란함이 생기기도 한다.

    기세는 에너지다. 에너지 속에는 파장이 있다. 파장은 사이클이 있다. 파장은 진동을 하며, 공명하며 닮은꼴로 이어지는데 이것이 기세흡수로 일치를 이룬다. 파장의 사이클은 공약배수만이 공명을 한다. 즉, 440Hz는 220Hz와 880Hz가 공명되며 자연의 과학적 이치로 440Hz와 420Hz는 공명되지 않는다. 그러나 우

맑은 바다에서 긍정의 파도를 타다

리 인간은 모든 것을 인지할 수 있는 두뇌가 있기 때문에 서로 알면 소통이 되도록 설명하고 알아듣고 이해로 공명이 가능하다, 부딪히면 공명하지 못하고 반사된다. 이럴 때 압력과 밀도가 높아지면 인체는 기세파장으로 즉시 알아차린다. 기세의 파장을 서로 낮추는 건 힘이 들지만 나지막이 부드럽게 하면 교감할 수 있다.

가끔 사이클이 맞는 사람과 만나면 공명으로 편하며 시너지가 생겨 기분이 좋아지는 것을 몸에서 느낀다. 맞지 않는 것을 억지로 맞추려고 할 때, 에너지 파장이 장애를 받아 코드가 다르다는 것을 느낄 것이다.

사람마다 유형이 있는데 유형의 특성에 따른 생각과 말의 앞뒤 순서가 각자 맞지 않아서이다. 즉 두뇌의 생각회로 순서가 다른 것이다. 어떤 유형은 일을 접했을 때 완성에 이미 접근한 그림이 나온 후 부족한 부분을 두뇌에서 메워 나가는 프로그램을 하게 되고, 어떤 유형은 시작점에서부터 시작을 하는데 부분적인 일들을 실수 없이 꼼꼼하게 하기에 두뇌회로 구조가 다르다.

그리고 기세파장도 다르다. 이런 부분을 이해하지 못하면 서로 불쾌해질 수 있다. 하지만 이때에 생각을 다 털어놓으며 서로 소통, 순환할 수 있게 되는 수가 생기는 것이 또한 인간이다. 우리에겐 이성이 있어 판독하고 상대방을 제대로 느끼는 장치가 생물체인 우리 몸 안에 다 있다. 중요한 일일수록 회의를 하는데 사람은 지구상에서 회의를 하는 유일한 존재다.

하지만 그 바탕에 긍정 정신이 들어 있지 않으면 이기가 생겨나 서로 관계를 채우지 못하는 불만족으로 개인이나, 사회나 집단이나 국제관계가 시끄러워지고 많은 문제가 발생하는 험한 세상이 된다. 우리 몸의 DNA 속에는 이기와 이타가 둘 다 들어 있다. 상생교류의 대원리인 인류의 보편적 가치를 함부로 하면 우리 인류는 장애파장을 일으킨다.

DNA 속 긍정의 핵에 바로미터가 있어 부정하면 우리는 항상 힘들어한다. 부정이 긍정을 파괴하기 때문이다. 인간과 인간관계에서는 긍정은 정상이며, 부정은 비정상이고, 무능력의 한계이다. 긍정은 서로 웃게 하며, 마주보지만 부정은 서로 기세충돌로 돌아서며 화를 입게 된다.

◎ 인간은 남과 여, 양성으로 정해지지만 양성이 섞인 한 몸으로 태어날 수도 있으며, 인체의 호르몬의 작용들이 다를 수 있어 느낌과 취향이 다를 수 있다고 생각하고 이해하여야 한다. 남성이나 여성으로 태어날 때 여성은 남성보다 사람에 따라 더욱 상세하게 발달되어 기능할 수 있도록 태어나기 때문에 남성은 사람에 따라 여성보다는 육체적으로 힘은 강하지만 상세한 기능이 떨어진다.

이 기능에 따라 지능 또한 그렇기 때문에 어떤 부분에서 서로 이해하지 못하는 경우가 생긴다. 하지만 남성은 화성에서 오고 여성은 금성에서 왔다고 생각할 게 아니라, 서로 소통을 위해 지능과 기능을 쓸 때는 두뇌 회로에 센스 등을 켜야만 한다. 자각 자율에 의해서 두뇌회로에서는 필요한 위치에 의식할 수 있게 센스 등이 켜진다.

그래서 가정에서도 일상의 일에 대해 남녀는 기능의 차이가 크기 때문에 익숙하게 해 보지 않은 것은 서로 설명하고 듣고 반복해도 두뇌의 센스 등을 필요 위치에 정확하게 포인트 맞추기가 쉽지 않아 서로 교감이 잘 되지 않는 답답함이 생기고 불만이 생긴다. 이런 경우가 반복되면 몸의 기세에 부하가 걸려 압력이 높아져 갈 수 있지만, 이를 알고 이해하면 포용하여 기세부하 압력이 쉽게 풀어질 수 있다.

기세폭발로 화가 치솟고 서로 폭력이 되면 몸이 많이 상한다. 생명의 원리는 긍정일 때만이 서로 합일을 이루고 협력하게 되며 그렇게 에너지의 시너지효과를 높일 수 있을 때만이 창조성이 활발해진다. 생활 속에서 긍정이 지능과 기능을 발달시킨다. 감성도 발달이 잘된다. 그렇기에 긍정관계에 누구나 스스로 노력을 아끼지 않아야 한다.

이 시대의 젊은 남성들은 윗세대보다 여성적 기능 발달로 인해 여성적 교감을 많이 하게 되어 여성과 협력을 많이 하는 현실이다. 남성, 여성이 부정 감정으로 인류를 이어 갈 수 있을까? 남성, 여성은 인류를 이어 가는 카테고리이다. 서로 협력자로 재인식을 강화해야 하는 동시대의 사명이 있다. 같은 문화권에서 벗어나 서로 필요에 의해 다문화가정이 생겨나는 것도 시대의 상생 교류로 바람직하다. 인식기능은 두뇌에서 하고 교감은 몸의 세포가 전달받는다. 인식으로 알게 되는 것과 몸에서 교감하여 알게 되는 것은 사람의 발달에 따라 차이가 나지만 여성이 항상 교감을 제대로 못 하는 남성에게 불만을 갖는 이유가 있다.

부부는 일심동체가 아니고 이심이체이다. 각각의 몸으로 체험하고 경험하며 지식의 선호도 다른 두 인격체의 부부인 남녀가 섹스를 하게 되면 서로의 일치감이 최고 수치가 되어 두 몸이 완전한 하나로 느껴질 때에 기 작용, 기 반응의 긍정교감으로 몸은 희열하며 다이돌핀을 분출시킨다. 마치 투명한 접착제로 두 몸을 한 몸으로 일심동체 시키는 듯 완전한 하나가 되게 하는 느낌으로 실제적 체험을 하기도 한다.

하지만 개인적인 인생의 역사적 세월 속에서 일어났던 좋은 일, 나쁜 일들은 시대적 순서대로 뇌 속에서 차곡차곡 프로파일에 저장이 된다. 주변 환경의 이미지와 기분은 우리 몸이 기억하고 반대로 몸에 잠재되는 몸의 기억이 잊히기도 한다. 잊히는 것

맑은 바다에서 긍정의 파도를 타다

까지도 무의식 속에 무게로 남는다. 기억이 확실하게 나지 않는 무언가 지나간 일들이 비슷한 일을 통하여 생각날 때 바로 기분이 좋거나 나빴던 경험들이 많을 것이다. 몸과 마음이 따로 객체인 우리들은 서로 간 관계에서 바로미터로 긍정을 해야만 교감이 이루어지며 편안한 일치일체감으로 안심을 하게 되고 안전감을 느껴야 서로 같이 행복감을 느끼는 것이 모든 생물체의 이치적 원리이다.

선과 악

...

선은 있고 악은 없다(선은 긍정이고 악은 부정일 뿐이다)

신으로 개념하고 있는 것은 눈에 보이지 않는 자연지성의 지능을 우리들이 에너지로 전달받고 느낌으로 알아차리는 텔레파시이며 자연의 법칙이다. 진실과 사랑이다. 진실과 사랑은 긍정이며, 영원성이다. 긍정성은 우리의 본연이기 때문에 우리에게는 진실과 사랑밖에 없다. 부정은 자신이 받아들일 수 없는 거부에서 표출되는 한계반응일 뿐이다. 부정은 폭력적이고 자기 이기심이나 한계를 수용하지 못하는 사람들이 보이는 자기 합리화이며, 자기 보호본능일 뿐이다. 어떤 개인, 집단, 사회에서도 폭력은 한계의 표출 반응이다. 완전한 신은 우리를 부정하지 않으신다. 성내지 않으시고 벌하지도 않으시며. 다만 부정하는 부정을 인간 자신이 선택할 뿐이다.

부정은 연결되지 않는다. 자연계는 긍정 고리로 관계 순환되며

맑은 바다에서 긍정의 파도를 타다

지금 이 순간에도 돌아가고 있지만 부정은 이탈이며 불일치로 멈추어 대립하고 분열된다. 관계는 두 존재의 연결을 말하는 것이다. 부정할 때는, 긍정 안에 계시는 신과 모든 존재들과의 관계가 끊어질 수밖에 없기에, 생명의 관계가 이어지고 맺어지려면 긍정으로 돌아와야 한다. 부정은 긍정으로만 회복될 수 있다. 부정함을 자각하여 인정하면 긍정으로 다시 돌아오는 존재는 다시 관계가 맺어진다. 모든 대상과는 긍정관계를 제대로 맺어 나가야 존재가 안정되고 같이 커져 가며 팽창한다. 관계의 법칙으로 정해진 긍정 DNA 게놈 프로그램을 우리들은 가지고 있다. 그래서 본성이 선하다. 부정은 자신의 보호본능의 표출이다. 우리들은 긍정의 이치대로 정해져 있는 대로 살아야 맞다.

부정하는 인간이 신을 복잡한 것처럼 개념하여
부정하는 인간이 신이 이랬다저랬다 한다고 생각하며
부정하는 인간이 신을 겁내고
부정하는 인간이 신은 일일이 복 주고, 벌주는 존재로 알고
부정하는 인간이 신은 인간을 지배한다고 생각한다.

그렇지 않다.

시시한 것은 신이 아니다. 부정하는 인간은 신을 모른다.
신은 존재가 없으며, 온 우주에 운기로 가득 차 있어 항상 축복

그 자체이다.

우리들은 자유의지로 살아가면서 진화 팽창하도록 창조되었다.

우리 모두의 창조가 이어져 나갈 뿐이다.

시공을 크게 더 크게 하고

숨을 크게 쉬고

하늘과 땅을 보고

주위를 둘러보고 사물에 다가서 보라.

열리기 시작할 것이다.

같이하고 있는 모든 사물들을

눈을 열고 열심히 보라

좋은 생각이 들어올 것이다.

긍정은 좋은 생각이 연결되지만

부정은 연결을 끊어 버린다.

긍정은 부정의 무지상태에서 벗어나도록

깨달아 알아차리는 인지를 높여

인식의 문을 열어 준다.

실제 살아 있는 생명에너지가 텔레파시로 연결하여 알게 되는

우리들을 키우는 것은 긍정뿐이다.

긍정으로 우리들 각자가 자율성으로

창조하며 살도록 시스템 되어 있다.

맑은 바다에서 긍정의 파도를 타다

우리는 제각기 필요함을 창조해야 한다.

창조의 원천은 긍정 안에 있다.

서로 도움을 주는

긍정은 좋고 아름다운 모든 것이며 영원하다.

인류는 무지에서 깨어나야 한다.

긍정은 인간을 지혜롭게 하여 모든 것과 일치할 수 있게 하여 시너지창조 에너지다.

부정은 이유 많은 합리화, 까다롭고 복잡한 관계를 만든다.

긍정이 높은 것은 천재성이 높다.

부정이 높은 것은 바보성이 높다. 어리석음에 빠진다.

부정성은 긍정성을 방해하는 반응이기 때문에 방해파로 같이 상한다.

개인 이기적이고,

집단 이기적이고,

국가 이기적이고,

모든 관계를 깬다, 어렵다.

긍정은 인류의 궁극적 목적인 행복의 길이며, 우리 인생을 안전하게 안내한다. 부정은 불만족 불행의 길, 우리 인생을 실패로 이끄는 위험한 안내자다. 사물과 사건과 사람을 제대로 감지하고 종합하여 분별하지 못하고 반응이 부정으로 나오는 것이 어찌 개인만의 문제이랴? 관계 연속 연대적 인류의 공동운명체의 영향이 아닌지. 모든 게 생명체로 연결되어 자연과 생명을 가지니 사람도 자연이 아닌가?

이 시대를 살아가는 사람들을 힘들게 하고, 더 힘들게 하는 과생산, 과소비의 산업주의는 조용하게 전달되는 텔레파시를 전자파로 막아 오감을 자극하는 광고, 홍보, 정보를 폭력과 살인 수준으로 배출한다. 이윤추구가 목적인 경제폭력종합세트를 인류가 정리해야 긍정의 행복수치가 높아질 수 있을 것이다. 이 시대는 이대로는 미래가 어둡다. 가장 인간적인 것으로 우리 인간은 품위를 찾고 행복해질 수 있도록 긍정을 찾아 공부해야 한다.

선과 악은 양면이 아니다.
선은 하느님(신)이 만드신 것이지만
악은 하느님(신)이 만드신 것이 아니다.
선은 존재함이 영원하지만
악은 존재가 없다. 다만 후유증이 남을 뿐이다.
선과 악은 같이 존재하는 것이 아니다.
다만 사람이 신의 존재함으로 선과 악이란 개념으로 우리들에게 전해온 것이다.

선은 하느님(신)이 만드신 것으로
살아있는 생명력, 살아 있는 에너지 그 자체로

맑은 바다에서 긍정의 파도를 타다

하늘과 땅, 우주의 모든 것들 안에
살아 있는 힘으로 있다.

"선을 궁극적 관심으로 추구했던 모든 성인, 성녀들이여, 종교
가, 철학자들이여, 당신들의 생각들은 옳았습니다. 그러나 악을
지금까지 어떻게 생각하셨습니까? 악을 선의 대립양산으로 강하
게 느끼고 생각했습니까?"

그렇게 개념 되어 있다면 우리는 모든 하나님의 피조물들을 무
조건 사랑할 수 없이 선과 악이라는 이분법으로 나누는 사고 고
착화현상에 빠져 있을 뿐이다. 그리고 갈수록 강화될 것이다. 그
렇게만 개념이 되면 우리들의 관계가 더욱 어려워지며 사람들을
분리시키는 요소로 어려움을 극복할 수 없는 현상이 계속 재생산
될 것이다. 악을 선의 대립양상이라고 생각하지 마라. 악이란 부
정의 반응이고, 부정은 한계다. 한계의 반응이 부정이며 부정을 표
출하는 현상을 악이라 인간이 개념하고 있는 것이다.

"부정은 우리들의 반응입니다.
무리들의 반응입니다.
집단의 반응입니다.
부정 악은 부딪쳐 깨지는 것입니다.
그 에너지 느낌인 기분에 따라서 반응을 하지요.

악은 후유증을 겪게 됩니다.

긍정에너지로 반응하면 대부분 긍정으로 반응합니다."

긍정인 선은 공감, 결합하는 것이고 악은 분리다. 불안요소인 것이다. 하느님(신)으로 개념하는 존재가 악까지 만드셔서 말을 듣지 않으면 불행하게 하고, 말 잘 들으면 행복하게도 하는 변덕쟁이로 생각하지 말자. 신은 그렇게 시시하지 않다. 인류의 지금까지 선악의 개념을 다시 바꾸어야 한다. 우리가 낡은 개념을 새 개념으로 바꾸지 않으면 인류가 자꾸만 힘들어질 것이다. 모든 관계가 계속 파괴와 회복으로 반복될 것이다.

우리 뇌는 기억을 저장한다. 데이터에 의하면 140억 개의 줄기로 연결된 세포는 많은 기억들을 저장하고 그 기억에 의해 DNA 게놈 생활프로그램을 각자가 스스로 만들어 나간다. 우리 몸에는 자연적으로 긍정 DNA가 설계되어 있다. 그 본연을 찾아서 삶을 프로그램하고 활용해야 편하다.

인간이 만들어 놓은 부정요소는 개인 혹은 사회집단의 이기심에서 시작이 되어 독단이 되며 국가들도 대통령이 독재자가 되면 국민이 어렵게 된다. 희생자들이 생겨 두고두고 훗날 해결해야 할 국가적 책임과 짐을 안게 된다.

부정은 관계의 거부감이다.

부정에너지를 너무 강화하면 상대존재를 죽이게 되는 것이다.

우리들은 언제나 축복 속에 살고 있다.

온 우주는 창조 때부터 그렇게 프로그램 되어 있다.

"복(福)"이란

...

우리사회나 가정에서 복이란 개념은
옛날부터 복이란,
일하지 않아도 맛있는 음식 먹고
일하지 않아도 좋은 옷 입고
일하지 않아도 일은 누가 해 주고
일하지 않아도 아부하여 칭찬받는 것을
복이란다.
신이 복을 내려 주어 놀고먹도록
주변에서 그냥 해 주는 것처럼
이런 것이 복 있는 사람이요,
그러고는 팔자가 좋다고 한다.

아니다. 무능력자이다.
자기 일은 자기가 해야 한다.
직접 일해 보는 체험이 있어야
인생을 알게 되고 교감을 할 수 있어

맑은 바다에서 긍정의 파도를 타다

역지사지가 가능하게 되고
성장할 수 있게 된다.
그러니 무능함을 복이 많다고 하는데
일하는 것은 능력이다.
능력이 있어야 일한다.

무엇이 핵심인가?
사람은 세상에 일하고 사랑하러 태어났다.
사람은 자기 자신이 감당할 수 있는
충분한 에너지가 재충전된다.
긍정, 부정의 분별 판단으로
좋은 생각으로 조율하여
훌륭하고 건강하게 인생을 보낼 수 있고
오래 잘 살 수 있는 것은 긍정으로 일하며
사는 것이 비결이며 인생의 열쇠가 된다.

긍정은 인생을 바꾼다

...

내 어린 시절의 이야기다.

너무 좋아 가슴이 뛴다. 며칠 뒤에 우리 집에 많은 사람들이 모여 잔치를 한다고 아버지와 엄마가 집 단장과 음식 준비를 해야 한다고 하신다. 내가 어릴 때 우리 집에는 잔치가 자주 있었다. 유난히 말이 없었던 나는 옆에 있다가 덩달아 신이 난다. 잔치를 준비하는 데 며칠이 걸리지만 나의 뇌 속엔 이미 잔칫날의 분위기가 그려져 마냥 기분이 좋다. 7남매의 맏이인 나는 어린 동생을 등에 업고 심부름까지 하는데도 기분이 업 되어 힘들지도 않았다.

드디어 잔칫날이 되자 깨끗한 우리 집엔 맛있는 여러 가지 음식들이 넉넉하게 준비되어 있고 시간이 되면 초대받은 분들이 한두 명씩 오기 시작한다. 아주 반갑게 서로 손을 잡고 안부를 묻고

맑은 바다에서 긍정의 파도를 타다

사는 이야기들로 정담을 나누는 모습들, 화기애애 웃음소리 시끌 벅적한 분위기에 맛있는 음식을 먹으며 한 명씩 차례대로 돌아가 며 노래를 부를 때는 덩달아 더욱 기분이 좋아서 엄마가 잔치 준비로 바쁜 며칠 동안 매일 몇 시간을 내 등에 업혀 있는 동생의 몸무게도 무겁지 않았다. 사람이 그냥 좋았다.

그 후 나는 성인이 되어서도 그때 어른들이 부르던 그 노래들과 사람들이 만나서 다 같이 즐거워하는 잔치가 좋았다. 더욱이 어시장에서 사업을 하시던 아버지와 어머니는 두 분 다 형제중 맏이로 우리 집은 매일 손님이 끊이지 않았고 두 삼촌께서도 결혼을 하시기 전에는 한집에 살면서 노래 부르기를 좋아했고 엄마의 형제 여섯 분과 엄마의 사촌들도 모이면 다들 노래 부르기를 좋아했다. 곁에 있던 내가 그것을 따라 부르면서 많은 노래들이 머릿속에 입력이 되어 흘러간 옛 노래들의 가사와 함께 추억 속의 기억이 되었다.

내가 초등학교를 입학할 때쯤 아버지는 34세의 나이에 형제중 맏이로 이미 한국동란을 겪으셨다. 다들 어려웠던 시대에서 가난을 극복하시는 한편 가난의 어려움에 처해 있던 고모와 삼촌들과 이모들과 외삼촌들을 살펴 가며 일자리를 찾아 주시고 나이 순서대로 결혼시켜 가정을 꾸려서 살 수 있도록 주선도 하신 분이시다. 그리고 설 추석 명절에는 아버지가 태어나신 생가가 있는 고향 함안 문중의 선산에 자리하신 할아버지 묘소에 들러서 일가친척들 집집을 둘러보시며 집사정도 들어 주시고 사업장이셨던 마산 어시장의 노무자들에게도 친절하게 사정을 들어 주셨다.

옛날에는 마산 인근 시골에서 생산한 농산물과 땔감 등을 아저씨들은 바지게나 지게에 지고, 또 애를 업은 아줌마나 할머니들은 자루와 함지박과 보따리에 싸서 머리에 이고 들고 먼 길을 걸어서 팔러 나왔다. 나무장작, 솔가지, 솔방울, 마른솔잎, 숯 등 땔감들을 싣고 복잡한 시장통에는 가지 못했기에 구마산역이 가까운 월남다리 가에다 물건을 차곡차곡 재어 놓고 칡뿌리, 곡식, 제철과일, 채소, 함지박에다 시루떡, 찰떡, 찐쌀, 삶은 고구마, 정종 찌꺼기 등을 길가에서 나란히 퍼질고 앉아서 파시던 분들이 있었다. 아버지께서는 그분들 옆을 지나가실 때는 막차 기차시간을 맞춰 주신다고 팔다가 남은 물품들을 부르는 가격대로 사고 깎지 않으셨다.

또한 아버지는 밥을 얻기 위해 집에 들어온 사람에게 먹던 밥을 주지 않고 상을 차려서 주라고 하시고는 그 집 어린 자식들이 먹을 밥 두 그릇에 밑된장과 김치 두 포기를 싸서 주라고 나한테 일러 주신 적도 있었다. 어려운 집안사정으로 아버지의 고향 함안 대산에서 마산까지 걸어서 밤늦게 오시는 일가친척 손님에게

　맑은 바다에서 긍정의 파도를 타다

도 밥상 후 술상을 차례대로 얼른 차려 주시라고 하시면서 조용히 앉아 사정을 들어 주시고, 대접하셨다. 거기다가 명절이 되면 주변 분들을 둘러보시고 우선 급한 돈과 물질을 나누시며 진지한 모습으로 살아가는 방법을 같이 고민하시고 위로하시는 것을 나는 커 가면서 늘 보았다.

그렇게 생생하게 몸소 표양을 보이셨을 뿐만 아니라 나에게 학교 교육은 물론 웃어른들께 인사를 잘하도록 가정교육을 철저히 하셨으며 모든 일은 배워야 한다고 집안일에 같이 동참하도록 도와주셨다. 특히 여고시절 방학이 되면 한 달 가족의 생활비를 나한테 맡겨 가계부를 적게 하여 살림경영을 가르치시고 일을 익혀 잘하도록 칭찬을 아끼지 않으셨으며 내가 중학생이 됐을 때부터는 옹색하면 나쁜 일을 할 수 있다고 꽤 많은 용돈을 일 개월분씩 넉넉하게 미리 주셨다. 온 가족에게 계절별 먹거리들을 실컷 맛보게 해 주셨고 배불리 먹도록 풍요롭게 준비해 주시면서 맏이였던 나를 긍정으로 예우해 주셨다.

그때 나는 푸른 하늘과 논과 밭, 고랑 사잇길을 걸어가며 자연 속에서 생겨나는 색깔들을 즐기며 그림 그리기를 좋아하였다. 하지만 내가 좋아하는 그림공부를 포기하고 미술대 진학을 하지 않을 정도로 교실 안에 앉아 있기를 너무 싫어했다. 철이 들지 않았기 때문이었을 것이다. 세월이 많이 흐른 후에야 나를 깊이 이해하게 되면서 활동성이 높고 감각적이며 일하기를 좋아하는 나를 알게 되었다. 이성에 눈을 뜨고 관심이 생기는 나이에도 힘을 느끼거나 마음이 쏠리는 그런 남자가 없었다. 나는 그냥 영화를 좋아하고 특히 외국영화를 보러 다니며 영화 속 배우를 좋아했다. 외화 〈구월이 오면〉에서 주연으로 나오는 록 허드슨이나 〈대장 부리바〉에서의 토니 카티스 같은 이미지를 좋아했다.

그렇게 일상은 안정되었던 어느 날 내 나이 21살 되던 해 우연하게 지금의 남편을 만나게 되었다. 이웃에 살고 있는 친구가 할머니 손거울이 필요해 시내로 사러 가는데 같이 가자고 하기에 투피스 맞춤 새 옷에다 새로 맞춘 까만색 에나멜의 반짝반짝한 하이힐을 신고 기분 좋게 같이 시내로 나가게 되었다.

1967년 5월 봄밤 그 친구와 연인관계였던 공수부대 아저씨가 서울에서 내려와서 고등학교 친구였던 해병대 아저씨와 같이 서 있던 길에서 우리는 서로 우연히 만나게 되었다. 우리는 그 시절 젊음이 모이던 음악다방을 같이 갔다. 그 해병대 아저씨는 베트남에서 전쟁을 하였고 부상을 입어 얼마 전에 돌아왔다며 베트콩을 잡아 죽이는 전쟁 이야기만 밤 내내 하였다. 난 알아듣지도 못하고 친구와 헤어져 집으로 오는데 해병대 아저씨가 나를 따라와 우리 집을 확인하고는 아무 말도 없이 돌아갔다. 그런데 3일 후에 해병대 아저씨가 자기 여동생과 나를 다시 찾아온 것이었다.

맑은 바다에서 긍정의 파도를 타다

여동생은 얼굴 정도는 알고 있는 여고 후배였고 우리 집에는 누군가 오면 밥을 차려 주는 문화가 있어 그를 대접했다. 이 해병은 우리 집에서 자기를 환영한다고 생각을 했는지 그 다음 날부터 하루에도 서너 번씩 나를 찾아왔다. 그때 집안일을 하고 있던 내가 일일이 시간이 나지 않아 거절할 때도 있었으나 그는 매일 밤 멈추지 않았다. 언어능력이 뛰어난 해병은 자신감에 차 있는 것 같았지만 지나친 액션이 내 마음을 여러 번 상하도록 하였으며 당시는 그래서 편하지 않았지만 시간이 흐르면서 난 그 해병을 사랑하고 있다고 생각했다. 지금 와서 생각해 보면 그를 동정했었던 것 같다. 그렇게 그의 지나친 관심에 대한 아버지의 우려를 뒤로한 채 시끄럽게 일 년 반을 연애하고 결혼식을 하게 되었다.

결혼식을 하고 40일 정도 후에 세상에서 내가 가장 사랑한 아버지, 내 인생에서 만났던 그 누구보다 이타적이셨던 나의 아버지가 49세의 젊은 나이에 친정어머니와 남은 6남매의 운명을 세상에 남겨둔 채 돌아가시고 말았다. 한편 나는 결혼을 한 후에야 남편과 시집이 너무 가난하다는 것을 비로소 알게 되었다. 결혼 첫해 일 년의 결혼생활은 현실을 더 심각하게 알게 되면서 뇌 속 센스 등이 백 촉으로 켜진 상태로 맨땅에다 헤딩을 해야 했다. 이렇게 사면초가인 상황 속에서 두 날개가 잘린 새처럼 힘들게 시작하게 된 내 인생은 친정엄마에게 버림을 받고 아무것도 손에 잡히지 않는 불모지에서 살아남아야 했다.

이렇게 엄청난 현실적 어려움을 안고 있던 생활 속에서 나와 교감과 소통이 안 되는 남편은 베트남 전쟁을 겪은 시대의 피해자로 이미 기질기세가 너무나 강력하게 광폭해져 있었다. 남편과 평범한 생활을 벗어난 삶을 살 수밖에 없었지만 그때는 우리 부부도 둘다 왜 그렇게 강기세로 부딪히기만 하는지 알 수가 없었고 주변에서는 '네 복이고 네 팔자'라고 쉽게 결론짓는 것이 나는 더 억울하기만 했다.

그러나 나는 성인으로서 자존심을 굽힐 수 없었다. 태어난 자식들과 가정을 더더욱 포기할 수 없었다. 맏이로서 심신이 건강하고 매사에 긍정적인 성격이었던 아버지가 일은 배워서 알아야 남에게도 시킬 수 있는 것이라 하시며 부모 일에 동참하도록 나를 항상 가르치시어 이미 일상적인 일들은 신속하고 깨끗하게 잘 해내는 편이었고 가정경제를 해결하기 위해 무슨 일이든 계획을 설정하고 프로그램 하여 바로 추진하고 체계를 잡아 시간활용을 할 수 있었다. 그렇지만 현실은 너무 바쁘게 진행되고 시간이나 경제가 여유 없이 항상 처절하였다.

내 마음의 깊은 곳에 접어 두고 있었던 두 가지의 희망이 있었다. 하나는 혼자서 일만 하는 나에게 늘 부정적 강 기세로 트집을 잡고 좋지 않은 모든 사정에 대해 나에게만 책임을 떠넘기는

맑은 바다에서 긍정의 파도를 타다

남편에게 나의 진실을 보여 주고 싶었다. 또 하나는 생활소통이 안 되는 남편이 지나간 내 인생의 이야기를 편하게 들어 주고 사정과 형편을 완전히 소통하고 일치하는 날이 오는 것이다. 진심으로 남편이 내 손을 잡고 미안하다는 말을 해 줄 수 있을 때까지 열심히 살아서 가정의 안전과 평화로움으로 마음 넉넉하게 마주 보고 웃을 수 있는 만족한 가정을 꾸미고 맏이인 내가 동생들과도 손잡고 둘러앉아서 살아온 인생을 위로하며 넉넉하게 나누는 모습, 먼 훗날 내 인생의 아름다운 그림을 항상 그려 왔다. 그렇게 해서 장거리 인생의 과정과 목적을 설정하여 나를 지키기 위해 앞으로 갈 수 있었던 것 같다.

그래서 나는 긴 세월 살아오면서 혼자 일을 하면서 생각을 많이 하게 되었고 음악을 듣거나 노래를 하면서 일을 하면 기분이 편했다. 혼자 길을 걸어갈 때도 조용히 노래하며 봄바람 속에 저 먼 산과 들에 피어 있는 꽃들을 보며 연초록 진초록이 물들어 가는 나뭇잎을 좋아했다. 나뭇가지 사이를 지나 나를 스쳐가는 바람에 머리카락이 나풀거리고 옷자락이 나부끼면 기분이 좋아 노래로 답을 하고 여름 파란 하늘과 뭉게구름을 한참 보고 있으면 어느새 내 마음이 고요하게 넓혀져서 기분이 편해져 좋아진다. 기분이 편하고 좋으면 긍정할 수 있고 하는 일도 어렵지 않다.

몸에서 일어나는 긍정의 기쁨이 무엇인지, 어떻게 느낌이 전달되는가 알고 싶었기에 스스로 긍정을 연구하지 않으면 안 되었다. 그래서 긍정을 생각 속에만 둘 게 아니라 알게 되는 대로 글로 정리하기 시작했다. 세상은 긍정으로 살아갈 수 있어서 너무나 다행이었다. 긍정은 창조의 원천이며 모든 살아 있는 사람은 눈에는 보이지 않지만 에너지 끈에 연결되어 하나로 느끼고 자각되어 편해지는 법칙을 직관으로 깨달아 알게 된다. 직관도 발달되는 것이지만 직관지능이 생각을 발달시키면서 연결되는 생각의 길이가 길어지고 다양한 경험으로 얻어지는 생각들의 양도 많아지면서 뇌 속 뉴런의 양이 늘어나고 네트워킹하는 시냅스의 연결이 빠르고 정확하게 발달하게 된다.

인간관계 속에서 다 같이 잘 살 수 있는 명백한 사실을 알게 되었던 계기는 어려웠던 내 인생에서 믿어왔던 가톨릭에서 복음이라고 전하던 그것이 전부 긍정이었다는 걸 알게 되면서였다. 긍정에 감응하는 것을 성령이라고도 하지만 긍정은 자연 속에서 지적 고주파를 전달하는 텔레파시를 통해 서로반응으로 신호전달하며 생각과 느낌을 주고받고 언어로 유유상종하며 순환하는 상호 기 작용으로 이렇게 마음이 통하면 서로가 가진 것을 그냥 주고 싶고 선물을 하거나 또는 물물교환을 하는 등 물질 유통이 자연스럽게 된다.

중년을 넘고 장년을 지나 노년기에 들어온 나는 부정이 난무하는 사회 속에 긍정을 증폭시켜 참된 긍정의 네트워킹으로 너와 나, 그리고 세계가 다 같이 안전하게 살 수 있도록 운동을 하고 싶었다. 국가의 전쟁 폭력으로 최대치의 부정을 겪게 되었던 내 남편도 자기 자신이 본능적으로 긍정을 찾아 나서서 적극적으로 사회 속에 뛰어들어 수십 년의 세월을 통한 엄청난 노력의 성과로 두뇌 뇌가소성을 통해 몸속의 긍정핵을 회복하였다. 한 번도 흔들리지 않고 비굴하거나 왜곡되지 않고 지역사회의 정의를 바르게 지켜 오면서 자신의 본연 속 긍정을 찾아 정치제도와 사회제도, 국가 거대 행정연합의 부정한 일들을 보면서 지금까지 지역 운동권 최전선을 지키면서 노력하는 헌신적인 삶을 살아왔다. 자기 유익과 편의에 줄을 서 있으면서 공동의 사회에서 무분별하게 말하며 행동하는 괴물들과 지금도 싸우고 있다.

나는 남편이 사회 일에 열심인 것을 보며 남편을 위한 기도를 할 때는 고기를 낚는 베드로가 아니라 사람을 낚는 베드로가 되게 해 달라고 항상 기도했다. 몇 년 전부터는 나를 편하게 해 주기 위해 나와 긍정관계를 위해 노력을 많이 하면서 나에 대한 이해가 늘어나 이젠 미안하다는 말을 자주 한다. 또한 다툼도 많이 줄었다.

지금 나는 남편의 인생을 모두 이해하고 있다. 지난날을 생각하면 남편과 아들 딸 자식들이 나를 위해 존재하고 있었고 예쁜 손자 여섯 명을 우리 부부에게 안겨 주었다. 내가 인생의 전체 프로그램을 확대할 수 있었던 에너지의 원천은 긍정이었으며 그 동력의 원심력은 사랑하는 가족이었다. 나의 젊은 날을 강렬하게 채울 수 있었던 존재들이 전부 가족이었으니 감사할 뿐이며 눈물 나도록 사랑하고 있어도 지난 세월 속에서 채우지 못했던 가족 간의 사랑의 결핍으로 항상 사랑이 아쉽다. 돌아가신 부모님이 보고 싶다. 가족과 합일치하기 위해 몸부림치며 살아오면서 나를 깨우치게 했던 것도 긍정이었으며 여기까지 왔던 건강성도 긍정이었다는 것을 수많은 노력으로 과학적 원리의 증거를 찾아 가며 완전하게 알아야 했었던 이유는 인생의 최대 화두로서 내 안에 부정의 갈등을 긍정으로 해소시키는 긍정 복원 때문이었을 것이다.

나는 일하면서 생각을 확장하면서 기억들을 놓치지 않으려고 그때그때 메모하고 기록하는 노력을 아끼지 않았다. 사람은 누구나 체험한 후에야 알게 되어 확실성과 분별이 생기기 때문이다. 이제부터 긍정 이야기를 마음껏 하려고 하는 것은 긍정하는 것만이 같이 사는 것이며 행복이 긍정 안에 있고 긍정을 회복하는 것이 힐링이기 때문이다.

살아오면서 인연으로 만나 나에게 긍정으로 대해주고 자연스러운 반응으로 편하게 해 주시던 모든 분들과 직접 몸으로 느낌까지 가르침을 주신 살아 계신, 혹은 돌아가신 모든 분들, 시대에 관계없이 책으로나 말씀으로나 긍정을 전달해 주셨던 모든 분들께 머리 숙여 깊이 고마움을 드립니다. 고맙습니다!

맑은 바다에서 긍정의 파도를 타다

직관, 감성, 텔레파시,
긍정이 힐링이다

...

긍정의 사고판단 원리는 생명의 원리이다. 피는 알고 있다. 내 생각은 호르몬으로 나에게 반응하며 상대와도 반응하는 대로 우리들은 살고 있다. 내가 길게 살아오면서 사람이 사람에게 함부로 하는 것을 세상에서 너무 많이 보게 되었다. 남편도 나에게 너무 오랫동안 함부로 했다. 하지만 사람이 사람에게 절대 함부로 해서는 안 된다. 사람은 누구나 자신의 인생길을 걸어간다. 주어진 환경 조건과 신체조건과 자신이 배워 알고 가진 것만큼으로 인생을 시작하여 의·식·주의 생활해결을 지속적으로 해야 하는 기본에서부터 자신을 만들어 간다.

인생이 어려운 것은 일회용이 아닌 지속성이기 때문이다. 누구나 생활을 지속, 유지하는 것이 어렵고 상승하는 일도 어렵거니와 하강할 때 생존은 더욱 어렵다. 나는 사람이 사람을 지배하는 것은 절대 해서는 안 되는 것이라고 생각하며 그런 풍경을 세상에서 너무 많이 지켜보게 되면서 이해하기가 어려웠다. '왜? 저렇게 할까' 하는 생각을 하면서 지배받는 측은지심이 동감되어 나와 일치하면 눈물을 흘리기도 하였다. 어떤 때는 나 자신에 대해서도 측은지심으로 엉엉 소리 내어 울기도 하고 울고 나면 시원해진다. 세월이 가면서 나날이 많이 겪는 생활 속에서 조용히 나를 살피며 관찰하니 몸속의 축적된 부정 기세는 일시적으로 빠져나가지만 뇌 속 뉴런에 저장이 되는 기억이나 마음의 진동으로 몸에 체화되는 시스템을 통해 감정은 남아 있었다. 그럴 때 분명해지는 것을 잡고 편해지기 위해 계속 생각을 해야만 했다.

그러다가 어느 날 내가 알고 있었던 평범한 긍정이 선이며 세상의 분명한 밝음과 맑음이며 인간의 도리며 도덕, 상식이라는 것을 깨달았다. 이 세상에 긍정이 있다는 것이 너무나 다행이었다. 그리고 안심할 수 있었다. 기준이 뚜렷하고 분명해진 나는 헤매지 않아도 모든 답을 긍정 안에서 얻을 수 있기 때문이었다.

생각은 뇌 속에서만 할 수 있다. 생각은 보이지 않지만 긍정의 생각은 아무리 많이 해도 이롭게 발달하며 발전적으로 나가는 것이다. 그리고 생각 속에서 완전한 자유를 누릴 수 있었다. 생각을 많이 하면 생각이 이어져 생각의 길이가 길어지고 생각의 양이 많아지면서 정면만 보던 시각이 후면과 또 측면을 볼 수 있게 된다. 뇌가 확장되어 나가면서 사고할 수 있는 범위가 확대되어 입체화되고 수많은 뉴런의 네트워킹으로 알고 있었던 또 다른 체험과 지식들이 연결되어 더 많은 것들을 알게 했다. 알고 나니 편해져 갔다. 생각을 많이 하는 것은 연구가 된다. 많은 사람들과 관계의 연결로 살아가고 있는 나는 사람들의 생각도 연구하며 알아 가게 되었다.

우리들은 오감으로 보고 듣고 느끼고 감각하고 긍정으로 제대로 생각하고 알고 나서 이해를 한다. 이해로써 서로 일치해야 편해진다. 우리의 인생이 살아가며 알 만한 것은 다 알아야 편하게 된다. 사람은 긍정관계가 되어야 서로 좋고 조건 없이 편하게 된다.

바른 기도는 긍정에 편성되려는 노력이며 긍정으로 일치하여 하나가 되기 위해서 부정을 정확하게 분별하고 긍정을 알고 긍정에 힘을 집중시켜야 한다. 그렇지만 인간이 긍정을 분명하게 알기는 어렵다. 이는 종교에서 가르치는 핵심이며 인간이 신앙에 매이는 이유다. 그래도 편해지고 성장할 수 있다는 생각을 하게 되었던 것 같다. 젊었을 때는 성서만 읽고 믿고 살면 된다고 생각하고 잘 때도 머리맡에 두고 맘에 드는 구절은 읽고 또 읽고 수십 번 읽고 위로를 받기도 하며 감동되어 울기도 하였다.

아~! 사랑하고 일하러 태어났구나. 이렇게 나 혼자 생각하면서 모든 일을 열심히 하고 사랑을 키우기 위해서 비가 오나 눈이 오나 주일을 거룩하게 지내고 하느님께 내 자신을 내어놓고 허원을 하기도 했다. 하지만 나는 어느 순간 40년 넘게 가톨릭 신자로 살면서 사제들의 이론과 연중 반복되며 내려오는 전례 속에서 단순히 사제와 수녀와 수사들의 모방된 삶을 살고 있다고 생각을 하게 되었다. 그리고 어느 날 모방된 삶의 주체가 내 자신이 되지 못하는 걸 깨달아 알게 되었다.

자연의 물체인 나는 자연의 모든 사물들과 서로 교감하면서 더 큰 세상과 소통하고 싶은 의욕이 있었다. 생활 속에서 힘들어 너무나 갑갑할 때마다 삶의 의욕이 상실되기도 하고 소통이 막혀 절실하였던 나는 내 방법대로 일상생활의 프로그램으로 꽉 차 있는 생각들을 멈추고 자중하여 자연의 허공 속 고요한 가운데 나를 내려놓는다. 힘들어 어떻게 살아갈 수 있느냐고 나의 생각과 감정을 드러내어 울부짖기도 하며 반복해서 물으면 차츰 시간이 흘러가면서 내 몸의 기세가 가라앉고 격한 감정이 누그러져 의식마저 없어지고 빈 공간 속에 혼자인 자신만을 느끼게 된다. 내가 바라는 것은 현실의 어려운 경제 해결과 남편과의 소통 원활, 나의 성장이었겠지만 실제로 현실이 고단하고 탁 하고 숨이 막힐 지경에서 순수한 사랑의 상태로 돌아가 가벼워지고 싶은 강한 의식만 있었던 것 같다.

맑은 바다에서 긍정의 파도를 타다

그렇게 있던 어느 순간 정신이 깨어나 차오르는 것 같이 확! 아주 강한 느낌과 소리 없이 알아듣게 되는 언어가 동시에 온몸 세포에 각인되며 엄청난 힘으로 에너지가 내 몸에 차올랐다. 순간 너무 강한 충격으로 빠르게 팽창하며 커져가는 내가 아주 높이 오르고 있는 것을 느끼지만 그 순간에는 어떤 상태인지 알 수 없으며 큰 감동으로 흐르는 눈물 속에 너무나 크게 채워진 에너지가 물결같이 흔들리며 카타르시스의 극치를 실감하며 느낄 뿐이다. 주체할 수 없을 정도의 그 크신 순수사랑은 받아들이기 벅차서 몸은 순수반응의 전율로 파노라마 치며 일어나는 카타르시스는 아드레날린이 분해되고 참사랑으로 자연의 긍정이 몸의 다이돌핀 분출로 4천 배 높게 느끼게 된다는 에너지로 연결될 때 일회용 섹스와 느낌이 다르지만 보다 길게 온몸에서 분출하는 것 같았다. 이런 경험은 앉아 있거나 서 있거나 관계없으며 곁에 사람이 있거나 혼자인 것과도 관계가 없다. 고요한 미사 중에서도 그렇게 갑자기 닥치는 상황에 언제나 당황하지는 않았다. 멈추고 나면 절대적인 힘은 순수한 사랑으로 나를 울리고 나에게 채워져 다시 꽉 찬 에너지를 느끼며 스스로 단단해진 것을 알고 안정을 찾게 된다. 이는 내가 정직하게 고백하고 순수해졌을 때 더욱 강하게 느낀다.

　젊을 때는 몇 번이고 그런 상태를 체험을 하고도 내가 알 수 없어서 어디 물어보려고 해도 물어볼 데가 없었다. 그렇기에 바쁜 나날들 속에서도 생각을 떠올리면 참! 좋으니까 그 느낌과 기억을 붙들고 잊지 않으려고 노력하였다. 과학적으로 알아내고 이해하고 싶은 생각으로 책 속에서 답을 알기 위해 많은 노력을 하기도 했지만···. 후에서야 긴 시간 살아오면서 자연 속에 사는 우리들 속에 완전 순환 소통할 수 있는 긍정이 있다는 확신을 가질 수 있었다. 긍정으로 서로를 지켜 주며 내가 긍정해야 자연은 아주 크게 긍정으로 나에게 반응을 한다. 그 속에는 인간의 도리며 서로 지켜지는 법칙이 있었다.

우리는 눈에 보이지 않고 거대하여 알 수 없는 것들을 신비하게 느끼지만 공기캡슐에 싸여 공전, 자전을 하는 지구에서는 다양한 물질과 생명이 에너지를 계속 발전시켜 양이 늘어나고 서로 작용과 반작용의 플러스 마이너스 반응으로 밀도와 압력이 높아져 가고 있으며 강해지는 지구의 에너지를 거대한 우주에서 에너지 삼투압으로 흡수하여 무한한 속도로 우주는 팽창한다. 우리는 지구의 공기캡슐 속에 있는 물질들을 나누며 같이 상생 교류하는 대자연의 시스템으로 살아야 한다. 몸 세포가 열리고 감각과 느낌이 트여야 긍정을 분명하게 알 수가 있는 것이라서 사람이 스스로 많이 발달해야 한다.

대자연 속에서는 팽창하고 움직이는 에너지의 무수한 변화를 강한 지성을 가진 거대한 자연의 힘이 과학적이고 수학적으로 축을 잡아 긍정선(포지티브라인)으로 질서를 잡으며 사계절의 에너지를 조율한다. 자연지성은 자연 속 순수지성 고주파로 우리 주변을 고요하게 감싸며 흐르고 있으며 인간은 일상생활 속에서 스스로 파동을 일으키며 진동하기 때문에 사람 자신이 움직이면 일어나는 파동이 멈추도록 자신의 생각과 행동을 멈추고 조용하게 낮추어 자연의 순수주파에 맞춰 알아들을 수 있는 언어로 자연과 소통을 해야 한다. 고도의 지성과 지능을 가진 인간들이 살아가면서 자연의 이치를 깨달아 알아차리는 본능적인 인지 안테나로 신호와 전달을 순수 고감도의 느낌으로 공명하고 일치 소통되면 서로 전달하고 받는 에너지가 텔레파시로 전달되는 것이 우리가 알고 있는 긍정이다.

거대한 대자연에서는 모든 것 하나하나가 작용과 반작용을 하여 서로 반응을 하지만 다 자란 성인이 자연의 이치를 포착 못 하는 미성숙, 미발달체로 무지하면 인지기능과 공감도가 낮아서 조율 못 한 에너지의 기세 반응만 하게 된다. 그래서 이치를 알아차리지 못하는 어리석은 사람들은 긍정생각을 제대로 못 하고 자기 힘만 믿게 된다. 이들은 꾀를 부리고 수를 써서 이익을 취하며 불합리한 입지를 합리화시키는 인간괴물이 되어 버린다. 자연속 긍정의 질서를 깨면 포지티브라인을 벗어나 네거티브라인을 타게 된다. 네거티브는 자연법칙을 깨고 벗어난 사악한 인간들의 힘에 의해 어리석은 인간들의 집단이 되고 어리석은 희생자들이 생기게 되고 결국엔 망하고 끝이 나게 된다. 또다시 긍정을 회복하기 위해서 개혁의 시대적 과제를 맡아 안아야 하는 시기가 온다.

인간의 DNA에는 긍정핵이 있다. 그래서 누구나 긍정해야 서로 편해진다. 그리고 인간은 자신에게 긍정을 하고 있는지 묻고 수시로 성찰할 수 있어야 한다. 인생은 자신이 만들어 간다. 세상에 왔으면 누구나 긍정을 알고 부정에 대한 분별력을 키워서 현명해져야 희생되지 않는다. 인류의 위대한 분들은 보이지 않는 자연의 텔레파시를 직관으로 전달받아 이해하는 것은 물론 자연 속에 흐르고 있는 정보들을 통해 스스로 지적 발달과 향상을 하고 현실만 보지 않는 것이 공통점이었다. 그들은 시대를 사시면서 올바른 긍정으로 생각을 길게 연결하여 인간은 공동운명체로 모든 것이 하나라는 궁극의 깨달음을 얻었을 것이다. 이 세상에서 서로가 유익한 것들을 확실하게 알 수 있도록 우리들에게 표양을 보여주신 가치 있는 아름다운 삶을 사셨을 것이다. 이러한 부분들을 학문으로 정리하시어 공동으로 살아가는 인간들의 인지력을 높이고 지적향상을 할 수 있도록 위대한 인물들은 긍정으로 항구하시며 노력을 아끼지 않았을 것이다. 긍정은 인간을 훌륭하게 키운다.

긍정혁명가 예수님이 십자가에 못 박히심을 교감할 수 있는 선량한 자애는 인간본능의 심성에 있다. 사악한 인간은 사람을 사악하게 이용하지 말아야 한다. 부정의 힘은 위험해서 사람을 죽일 수 있지만 긍정의 힘은 부정보다 강하며 부정을 이겨 낼 수 있는 자연의 힘이기 때문이다 끝까지 강한 사람은 긍정하는 사람이다.

종교는 교리를 통해 긍정을 이론적으로 가르치며 연중 전례로 지속적으로 답습시킨다. 하지만 자연의 텔레파시는 성신이나 성령이 아닌 인간 성숙의 에너지의 전달인 텔레파시이다. 중세의 종교집단은 무지한 종교가에 의해 매카시즘을 자행한 인간살육이 있었지만 동시에 종교를 통해서 도덕을 배우고 인간성을 회복하기도 하였다. 그러나 교회의 연중행사 반복 속에 사람의 기세가 창조적으로 진출하지 못하고 교회 안 사람끼리 맞서기도 하여 도토리 키 재기와도 같은 강해지는 기세가 부딪혀 충돌하면 교회 속에서도 분열이 되기도 하여 소요와 불안과 불쾌감이 생긴다. 종교가들은 모두가 일치하여 힘을 모으는 긍정공부를 하여 흔들리지 않는 안전한 평화의 역할을 제대로 하여야 할 것이다. 종교가 샤머니즘에 붙들리면 자기의 창조성을 잃어버리게 된다.

아래 열거한 인물들은 시대와 공간은 달라도 각자의 시대적 사회 배경 속에서 인간의 삶을 고민하시었고 긍정의 원리 공감으로 나의 생각이 성장하면서 긍정의 힘을 깨달고 확신하는 데 힘을 심어 주신 위대하신 분들이다. 이외도 긍정을 열거하여 책에 기록을 남겨 두신 훌륭한 분들과 내가 접하지 못했으나 긍정으로 사셨던 많은 성인, 성녀님들과 평범한 일상에서 긍정핵의 에너지로 사셨던 헤아릴 수 없는 훌륭하신 모든 분들께 머리 숙여 깊이 감사를 드린다.

　예수님, 나의 아버지, 권도원(팔체질) 박사님, 싯다르타, 무함마드, 유일한(유한양행), 김용옥(도올), 마더 테레사, 틱낫한, 슈마칭하이, 크리슈나무르티, 에모토 마사루, 호치민, 잠릉, 톨스토이, 스콧 니어링, 바버라 에런라이크, 닐 도날드 월쉬, 필 맥그로, 리차드 도킨스, M스코트 팩, 막스 베버, 알버트 아인슈타인, 지그문트 프로이드, 빅터 프랭클, 칸트, 괴테, 세르반테스, 아마데우스 모차르트, 히포크라테스, 소크라테스, 아리스토텔레스, 플라톤, 데카르트.

　어느날 영화 〈보헤미안 랩소디〉를 꼭 보라고 아들이 권유했다. 살기 바빠서 알지도 못했던 영화를 보기 위해 영화관에 앉게 되었다. 아! 영화 속 프레디 머큐리는 공명 안정화 에너지, 평화 에너지를 느끼고 알고 있었다. 그의 머리에 하늘의 평화가 바로 꽂혀 있었다. 한 사람도 탈락시키지 않는 노래의 가사는 인류 전체의 힘을 모은 평화와 감동의 물결이었다.

　　　　　　맑은 바다에서 긍정의 파도를 타다

인생은 긍정으로 그리는 그림이다

...

당신은 잘살고 싶습니까? 잘사는 법이 있습니다.

이 법칙은 분명하고 확실하고 강하게 살아있는 에너지입니다.

절대적 에너지입니다.

당신이 에너지입니다

누구든지 관계없습니다.

지금 여기서 당신에게 잘사는 법을 알려드립니다.

1. 인생은 내가 그리는 그림입니다

자기가 할 수 있는 만큼, 될 수 있으면 구도를 크게 그리세요.

생각으로 시작되지만 세월이 가면 어느 날 현상체로 나타납니다.

당신 생각이 정리되면 언제든지 좋습니다. 지금 바로 시작하십시오.

꼭 긍정적인 생각을 바탕으로 머릿속에 골고루 넣고 한곳에 몰
입하지 마십시오.

밸런스가 중요합니다.

[인생그림의 구도]

아름다운집	사업	지식	사회생활
직장생활	신앙생활	자식교육	학문
건강	평생공부	결혼생활	가족공동생활

다음 표의 공식을 머릿속에 넣고 항상 마음 바탕의 생각으로 놓치지 마십시오.

[뇌의 사고구조]

긍정성(선)			부정성(악)		
합리적이고 과학적인 사고, 더불어 사는 마음			비판적 사고, 분리와 분열과 파괴		
순수	감사	의리	미움	산만	무시
사랑	포용	선행	거짓	불결	환경오염
순결	인내	존중	무례	불신	게으름
진실	절제	환경보호	포악	배타적	낭비
친절	청결	근면	교만	분노	증오
온유	정리	성실	자만	배신	사치
믿음	규칙	검소	오만	이기심	불의
겸손	체계	건전오락	오해	거만	욕심
이해	예절(인사)		경솔	질투	쾌락
정의	이타적		불만	시기	
성공하는 인생(세상, 세계) 평화			실패하는 인생(세상, 세계) 전쟁		

맑은 바다에서 긍정의 파도를 타다

위의 표가 긍정으로 만드는 성공의 인생 공식입니다. 공식에 맞추어 풀면 긍정의 답이 분명하게 나옵니다. 처음부터 인생 끝까지 인생관을 정립할 수 있는 공식이기도 합니다. 인생 그림의 구도를 골고루 두뇌에 프로그램 하십시오.

2. 인생은 장거리 마라톤입니다. 긴 여행입니다

당신이 하루에 1가지씩 더 일을 하면 1년에 365가지, 10년이면 3650가지, 30년이면 만 가지의 체험이 지적자산으로 모이게 됩니다. 당신은 두뇌 속, 생각의 프로그램과 당신의 에너지로 용기 있게 행동하면서 살아가는 자유로운 주체이며 시간이 흐르면 두뇌 속의 프로그램을 통해 점차 종합된 입체가 완성되어 모든 현상체가 내 앞에 놓이게 됩니다.

3. 인생의 미로

체험이 없으면 어떤 것도 알지 못하기 때문에 혼자 미로를 걸어가는 것 같이 공허감, 단절감을 느낄 때가 많습니다. 이때 주위 괜찮은 사람과 대화를 통해 당신의 생각과 당신이 하는 일을 마음 열고 확실하게 전달하여 서로 공유 공감을 할 수 있게 하여 같이 느끼면, 힘이 생기고 불안감은 줄어듭니다. 일치감이 생기고 에너지가 배가 되기 때문입니다.

4. 인생의 보너스 코너

행운을 잡았다는 말도 됩니다.

귀인을 만났다는 말도 됩니다.

사람은 크게 세 번의 기회가 있다고도 말합니다.

'행운', '천운', '기회', 이것은 긍정적인 에너지가 어느 순간 응축되어 업그레이드로 시너지효과가 생기는 상황을 말하는 것입니다. 이때부터 주위에서 필요한 상황이 자연스럽게 만들어집니다. 이러한 상황 속에서는 하는 일마다 징검다리가 놓여 있는 것처럼, 준비되어 있는 것같이 연결이 잘되기 시작합니다. 인생의 네트워크의 업그레이드되었기 때문입니다.

5. 인생기록장

인생을 살다 보면 눈에 보이지 않지만 누구나 목에 걸고 다니는 존재입니다. 잘한 일, 못한 일 모두가 기록되어 주위에서 잘 알고 있으며 평가도 받습니다. '뿌린 대로 거둔다'는 말은 바로 이 인생기록장을 두고 하는 말입니다. 이러한 인생기록장이 있기에 결과를 보지 말고 사랑으로 많이 뿌리면 많이 거둡니다. 긍정도 부정도 부메랑입니다. 세월이 흐르면 각자의 인생 앞에 모든 것이 노력만큼 현상체로 나타납니다. 긍정으로 인생이 제대로 완성되어 간다는 안정감이 생깁니다. 생존욕구와 안전욕구가 채워집니다. 두뇌의 뉴런 발달 네트워킹으로 정상적으로 인지도가 높아져서 지혜가 생겨납니다.

　당신의 긍정성을 믿고 따르십시오. 당신 자신도 믿으십시오. 긍정은 절대적 법칙이며 비록 보이지 않지만 살아있는 세상의 시스템입니다. 한편 부정을 만들지 말라는 것은 절대적 금기사항입니다. 부정반응을 하면 부정이 생겨나기 때문입니다. 부정은 긍정 체험이 적은 자기방어와 자기합리화의 사고입니다. 부정을 절대 먼저 믿지 마십시오. 부정을 긍정사고로 과감하게 바꾸십시오. 긍정은 미래의 창조에너지이지만 부정은 자기한계입니다. 우리가 살면서 하는 기도는 긍정성에 편승하려는 의도와 노력입니다. 우리는 자연의 일부이며 자연 속 모든 전체가 관계의 하나입니다. 궁극의 깨달음은 하나라는 자각입니다.

내가 그린 그림 5

우주의 주파수

...

1. 인체의 시스템(구조)

우리는 아버지의 몸에서 미생물로 나와 어머니의 배 속에서 부모의 유전자로 자라서 태어난다. 우리의 뇌구조는 140억 개의 줄기세포로 이어져 준비되어 태어나 성장하며 체험하는 것을 통해 뉴런이 발달하게 된다. 상상과 추측이 가능하며 모든 감각 기능과 감정들을 구별, 전달한다. 또 체험한 것과 지식을 저장하여 활용한다. 당신의 뇌구조는 기억체계화로 수용량이 어마어마하다. 뇌 속의 하나의 뉴런은 하나의 센스 등과 같다. 센스 등이 밝을 때(긍정적 순수 상태) 사물과 사실에 대한 포착력이 높으며 인식 정확도가 높다. 그리고 앞과 뒤 좌우를 동시에 생각할 때는 센스 가로등이 밝게 켜져야 한다.

의식의 인식에 있어 하위 단계 수준은 육체적 쾌락에 머무는 수준이라 할 수 있으며 어른이 되기 전까지 배우고 먹고 마시고

맑은 바다에서 긍정의 파도를 타다

자고 섹스와 놀이와 오락 등 하위 레벨의 가치를 통해 주로 회음부의 차크라에서 희열을 느끼며 쾌락을 표출한다. 말초신경의 단세포적 반응으로 사는 것이다. 의식의 인식에 있어 중위 단계의 수준에서는 하위 단계보다는 생각의 길이가 길어지고 교감된 생각을 네트워크하게 되고 더 공부하며 알려고 노력하게 된다. 책을 가까이하며 대부분 종교에 입문한다. 사물이나 사람에 대해서 깊이 알게 되면서 공감대가 높아지며 감동할 때 전율이 일어나 심장의 차크라에 희열이 생기며 안정을 찾는다. 많은 사람들이 이 수준에 머무르곤 한다. 의식에 인식에 있어 상위 단계의 수준은 오랜 시간 성장을 위한 노력을 하며 간절하게 바라는 과정이 있어야 도달할 수 있다. 어느 순간에 뇌 속에서 뉴런이 자라나면서 정수리를 통해 우주의 에너지와 연결 소통 상태를 경험하게 된다. 긍정의 힘으로 어느 날 어느 순간 몸속에 파노라마가 일어 전율시키며 정신과 온몸에 각인되는 메시지는 아무런 소리가 없지만 큰 소리를 귀 가까이에서 들은 것처럼 충격을 받게 된다.

극히 순수한 상태로 처음에 체험할 때는 혼자서 엄청난 신비감에 빠져들 수 있다. 쉽게 얻어지는 영적 체험이 아닐 뿐만 아니라 반복되는 경험 없이는 알 수 없는 단계이기 때문에 과도하게 몰두하면 신비주의에 빠질 수 있다. 과학적으로는 자연 속에서 순수에너지 파장이 진동하고 공명하며 물체들끼리 연결 일치를 이루는 상태로 봐야 한다. 그렇게 해서 완전하게 깨달음에 닿으면 세상 모든 것이 분리되지 않은 하나라는 자각이 생긴다. 이때는 현실감이 멀어지는 상태를 조심하여야 한다. 평소 가지고 있던 세계관이 우주관으로 폭이 커진다. 자연과의 텔레파시로 감응하게 되는 체험이다.

상위 단계에 도달하기는 쉽지 않지만 하위 단계, 중위 단계의 희열과는 비교가 안 될 정도로 희열감이 크고 길고 넓다. 자연은 공기로 채워져 공간 에너지 파장 사이클이 크지만 텔레파시로 우리 몸과 연결이 된다. 불안정한 우리는 자연의 에너지로 중심을 잡고 서서히 차분해지며 안정으로 부드러워진다. 우주의 하나로 소속감을 느끼며 고귀함이 생긴다. 직관력의 직감으로 자신이 열리고. 일체감으로 두려움이 사라진다. 자신의 존재가치를 알기 때문에 역할도 찾아낸다. 관계는 긴장감이 낮아져 수월하고 원만해진다. 모든 것에 통찰력이 생기기 때문에 입체적으로 연결되는 뉴런이 늘어나고 자기의 많은 체험을 기반으로 종합 정보망을 뇌가 만들어 나간다. 자기를 채워 나가는 창조며 팽창이다. 이해며 수용이다. 그러나 사람은 하위 단계와 상위 단계를 왔다 갔다 하며 살아가는 현실 속에서 엔트로피가 높아져 순수투명도가 낮아지기도 한다.

겸손한 마음으로 정하고 생각하며 행동, 체험하는 삶을 살면서 항상 기도와 같이 생활하면 언젠가는 정수리까지 뉴런이 뻗친다.

맑은 바다에서 긍정의 파도를 타다

우주 주파 사이클은 긍정 투명성이자 순수에너지다. 멋지지 않은 가? 체험하고 싶지 않은가? 당신 자신을 믿고 만들어 가면 된다. 당신 뇌에 준비된 방대한 공간은 당신 자신만이 작동을 시킬 수 있기 때문이다. 우리는 마음속을 가슴속이라고 표현하기도 한다. 뇌 속에서 계속 자라나는 뉴런 중단계의 바른 생각을 잡는 정신 계에서 행동과 체험으로 자기 표출이 되면 벅차오르는 느낌들이 심장의 희열점을 통해 가슴에서 먼저 일어나는 느낌 때문이다. 우리 육체의 중심부에서 일어나는 이 현상은 우리 의식체계의 중 단계이다. 이렇게 일어나는 모든 느낌의 반응은 텔레파시를 통해 전달되는 것은 물의 초미립자이다.

물의 결빙체와 어우러진 아름다운 세상의 풍경 1

물의 결빙체와 어우러진 아름다운 세상의 풍경 2

물은 긍정적인 정보를 전달받을 때는 결빙체가 뚜렷하고 아주 예쁜 모양이지만 부정적 정보를 전달받을 때는 결빙체가 찌그러지고 시커먼 어둠이 보이는 모양으로 반응을 한다. 그리고 당신의 몸의 70% 이상이 물로 되어 있다. 긍정과 부정의 신체감응이 바로 일어나는 서로관계에 서로 긍정해야 하는 이유다.

너무 많은 물질을 이용하며 고밀도, 고압력, 고속시대에 의한 불안장애가 가득한 지금 시대에 당신을 활용하여 잘 살아가려면 긍정적으로 살아야 한다. 당신의 신체와 정신의 건강도 생각 차원에서 긍정성이 바탕이 되어야 한다. 갈수록 극단화되는 사회

맑은 바다에서 긍정의 파도를 타다

속에서 자라고 있는 어린아이들이 인류의 미래다. 차세대의 안정을 위하여 어린이들의 성장을 건강한 바탕 위에서 키워 줄 책임은 인류의 공동 책임이다.

그럼에도 불구하고 한국의 현재 교육은 미래를 어둡게 만들고 있다. 미래를 위해 현재의 교육을 뜯어고치고 긍정바탕 교육으로 어린이와 청소년들을 바르게 키워야 한다. 최우선적으로 해야 할 교육은 아이들의 뇌 줄기세포가 바르게 연결되도록 뉴런의 시냅스와 전두엽 피질 발달을 도와주어야 한다. 이러한 발달은 긍정성 개념이 우선적으로 교육이 됐을 때만이 정상적으로 기능하게 된다. 학교폭력 및 학교 내의 각종 문제를 해결하기 위해서는 너와 내가 정상으로 체화되는 우리라는 일치의 동질 개념으로 존재가치와 자존감에 대한 지능이 높아져야 한다.

그럼에도 불구하고 우리의 학교에서는 공부에만 열중하도록 살아서 역동하는 애들의 에너지를 교실 안에 가두어 놓는다. 이로 인해 기세 대립과 마찰이 다툼과 충돌로 이어져 끊임없이 학교 폭력이 일어날 수밖에 없다. 자연환경에서 느끼며 자라는 편안함을 주지 못하고 교육체제에 매여서 자유를 잃고 한정된 교실 공간 안에서 불만상태의 부정기세가 높아지며 관계반응에 예민해진 상태가 되어 버린다. 청소년기의 우리 애들을 건강한 바탕 위에서 키워주어야 한다.

"이것은 인간을 성장시켜 나가는 미래를 향한 인류의 공동책임이다!".

긍정과 부정이 혼돈되면 긍정적 공식의 중요성을 기본교육으로 다시 가르쳐야 한다. 뇌 가소성으로 도덕적 지능을 높이고 포용과 이해를 높여 기세가 너그러워지도록 체계적이고 창의적사고 방식으로 이끌어 내야 한다. 그래야만 인간으로서 필요한 바탕교육을 더욱 쉽게 할 수 있기 때문이다. 이러한 교육이 기본이 된다면 학교폭력과 청소년 비행도 줄어 가정문제와 연결된 사회문제가 줄어들어 미래가 밝은 나라가 될 것이다. 미래의 희망은 어린이들이란 것을 누구나 잘 알고 있다. 우리는 사람을 귀하게 여기고 사람이 살아갈 수 있는 환경을 만들어야 백 년도, 천 년도 희망으로 나갈 수 있을 것이다. 어느 시대의 누구든지 사람으로 태어나 그 사람의 사회적 업적이 크다면 긍정적인 사고가 그를 키웠을 것이다. 긍정적인 사고는 입체화되는 사고를 형성하며 과학적이며 합리적이기도 하다.

"인생아 붙어라, 내가 간다."

젊은 날 힘들었던 시절 나 자신에게 붙인 표어다. 힘든 인생길에 애기 3명을 데리고 돈 벌어 오지 않는 남편을 따지고 기다릴 수도 없는 급박한 처지에 그냥 있을 수 없는 상황에서 나도 모르게 용기를 배가시키는 표어를 품고 두 다리로 인생의 머나먼 길을 걸으면서 희망을 노래하던 시절이 생각난다.

맑은 바다에서 긍정의 파도를 타다

명상에 대하여

...

명상에 관해서는 여러 가지 견해가 있다. 뇌 과학자들은 명상이 뇌의 양쪽 반구를 연결하는 기술이라고 설명한다. 신체건강을 주요하게 생각하는 경영 컨설턴트들은 명상을 스트레스 관리기술로 여긴다. 종교인들은 신에 이르는 길로 보고 예술가들은 더욱 질 높은 창조성의 도구로 받아들인다. 우리는 자신의 정체성을 탐구하고 우주 안에서의 자신의 올바른 위치를 알기 위해서 명상한다. 명상함으로써 자신과 바깥세상을 변화시킬 수 있는 내부의 힘의 원천에 대해 깨닫게 된다. 다시 말해 명상은 우리에게 통찰력의 빛뿐만 아니라 광범위한 변화의 힘까지 주는 것이다.

2015년 5월, 나는 명상을 할 수밖에 없었다. 명상 공부를 해야했다. 오랫동안 이유를 알 수 없었던 내 몸에서 일어나는 반응 때문이다. 누구와도 소통이나 이해를 구하지 못하고 확인할 수 없어 긴 세월을 그냥 지낼 수밖에 없었는데 어느 날 예전부터 친분 있는 원불교 교무님께 상담할 수 있는 계기가 생겼다. 좀 별나고 일반 사람은 알아듣기 어려운 나의 수십 년 동안의 긴 얘기를 듣더니 그분은 단답으로 확정을 내렸다.

"확장 중입니다! 정화해야 합니다."

아 ! 나는 바로 알아듣고 바로 이해할 수 있었다.

"많이 아팠을 것이다. 어지러웠을 것이다. 가려웠을 것이다. 가슴 가운데 구멍이 나 있을 것이다." 나는 "예 있습니다."라고 대답했다. 나 외에는 그 누구도 볼 수도 이해해 줄 수도 없으나 나는 스스로 심장에 피가 주르륵 주르륵 지나가는 것을 느끼고 등이 와싹 와싹 자글거림이 있었고 가슴 가운데 볼록한 걸 짜내는 구멍이 나 있었기 때문에 그렇다고 대답했다. 교무님은 많은 사람들이 잘 모르면 병원으로 가고, 원인을 찾지 못해 신경정신과로 간다고 했다. 공황장애 판정을 받고 오랫동안 안정제로 치료받는 예가 많다고 하셨다.

나는 20년 전부터 자다가 가슴이 눌려 숨이 막혀 깰 때도 있었다. 처음에는 보름에 한두 번 정도였는데 차츰 주기가 좁혀져 일주일에 한두 번 숨이 막혀 잠을 깨면 팔 다리와 온몸이 찌릿찌릿 저려서 누운 채 숨을 크고 길게 쉬면서 공기가 머리에서 발끝까

맑은 바다에서 긍정의 파도를 타다

지 차도록 서너 번 반복 하면 몸이 풀렸다. 그래서 주변에도 물어보고 병원도 찾아보았으나 공황장애, 무호흡, 산소부족 등 여러 예측을 할 뿐 정확한 병명을 찾아내지 못했다. 그런 상황에서 교무님의 명상지도로 원불교도들과 빙 둘러 명상 자세를 취하고 앉는 것을 생각만으로도 편하고 좋을 것 같았는데 어느 날부터 명상을 시작하게 되었다.

집에서도 늘 기도하는 자리에서 아침저녁으로 명상에 들자 어느 날 변화가 생겼다. 처음에는 백회 자리가 스멀거리고 머리 뒤쪽 두피가 너무 가렵고 무겁고 뇌 속은 왼쪽이 찡하고 통증이 찾아와 눌리고 왼쪽 뺨이 무겁고 두꺼운 다듬잇돌을 붙여놓은 듯 둔하고 자르르 자르르 감도는 화~ 한 열감을 오랫동안 느껴야 했다. 시간이 좀 지나자 앞 목, 쇄골, 뒷목으로 목둘레를 빙 돌아 따갑고 조여 눌리는 느낌. 온몸의 피부가 와자작 진동이 일다가 싸르르해지고 반짝반짝 거리다 따끔거리기 시작했다. 이런 경험을 하면서 살면서 중압력이 된 것들이 모두 내 안에 있다는 것을 알았다. 지난날 소통하지 못한 사연이 떠오르면 억울해서 울부짖고 통곡했다.

갑자기 앞이마 위쪽에서 동전 크기만 한 엄청난 통증이 느껴졌다. 확산될까 봐 손을 댈 수 없었다. 30분 정도가 지나니 살짝 가라앉았다. 어느 날은 한 15분 정도 숨 쉴 수도 없는 통증이 목덜미를 타고 가슴 중간을 거쳐 천천히 내려가는데 너무 아파서 신음조차 할 수 없었다. 가라앉고 멈추면 시원함으로 안심할 수 있었지만 반복되는 통증이 언제 멈출지 모르기에 몸에 일어나는 반응을 가라앉혀야 했다. 자연의 좋은 에너지로 샤워하고 엔도르핀 분출로 또 다시 몸이 진동하며 명상을 계속할 수밖에 없었다. 언제 끝날지도 몰랐다.

힌두교 승려들이나 슈마칭하이 무상사는 하루 2시간 반씩 명상을 한다고 했다. 매일은 어렵지만 어느 날 명상을 2시간 했는데 안정감이 참 좋았다. 에너지는 피부 겉에서 속으로 들어간다. 상태가 좋지 않은 부분이거나 약간의 통증이 있는 부분에 에너지가 싸르르 닿는 느낌은 아프면서도 시원하다. 명상하면 어느 사이, 세포가 열리고 느낌이 트여 몸과 마음이 알아차리게 된다. 자연의 좋은 에너지가 몸에 집중되면서 심하던 통증이 어느 날부터 가볍고 시원해져 갔다. 머리의 백회 부분에서 쏴~아 하는 느낌으로 어깨로 등짝으로 내려오듯 반짝이는 자연의 좋은 에너지로 샤워하는 시원함은 발끝까지 온몸이 기분 좋은 순간, 다이돌핀 분출로 희열이 일어난다. 환희의 창조에너지다.

기 치료, 신경치료, 심리치료, 통증치료가 명상으로 가능하다는 것을 느끼고 알게 된다. 명상할 때는 있는 자리 어디서나 조용히 의식하면 청력이 열리고 확장되어 소리가 크고 상세하게 들린다. 에너지로 차 있는 공간 저 위에서 눈에는 보이지 않지만 흐르는

맑은 바다에서 긍정의 파도를 타다

에너지 파장이 진동하는 듯 소리를 낸다. 자연지성이 가르쳐 주는 자연법을 우리는 인지 촉 안테나로 전달받게 된다. 송수신 신호전달 일치소통으로 기분이 신선하고 청량하면 포용 수용이 커진다.

그리고 이미 시대는 고속 고밀도 고압력 된 에너지와 다양한 문화 복합 복잡성으로 반복되는 움직임이 많아져 사람들의 반응이 급하고 고조되어 있다. 급하고 빨라진 일상에서 머물지 않는 에너지의 속성대로 세지면서 압력이 강해지는 에너지를 정화 → 순화 → 승화에 이어 → 상호상합으로 가는 명상을 하면 몸이 풀려 창조 진출로 나간다. 이를 알게 되는 것은 자기인지능력과 연관되어 있다.

명상은 자연 과학이다. 2018년 8월 7일 아침 명상 중에 공명 상태를 알게 되었다. 눈물이 솟구쳤다. 나도 모르게 나는 오른쪽 방향으로 마당을 빙 돌고 있었다. 공명은 안전화 에너지다. 가끔 느껴 보고 생각해 본 실제를 설명하고 과학으로 입증할 수 있을 것이라고 생각한다. 평화를 원한다는 것은 본능으로 공명 상태를 원하는 것과 같다. 사람이 많이 모이는 공연이나 음악회에서 즐거움을 같이하며 흥분상태로 함성을 지르는 것은 긍정에너지를 끌어들이는 것이다 그때 자연은 공명에너지로 반응한다. 더 크게 그 주변을 감싼다. 우리는 일치감으로 평화를 느낀다. 다음은 내가 명상을 계속하면서 알게 된 내용이다.

※ 자연과 속삭이고 자연과 늘 친하라.

초자연 지성과 연결된다. 초자연 지성이 텔레파시 전달로 가르친다.

1) **지구라는 공기캡슐은 사랑의 체험교실이다.**

   우리는 긍정을 배우고 돌아간다.

   긍정은 하느님 것이고 부정은 보이는 물질세상 사람들의 것이다.

2) **우리는 일하고 사랑하러 태어났다.**

3) **순환원리 →기세를 낮춰라.** (공명 안정화 에너지)

4) **사람이 사람에게 함부로 하지 마라. 용서는 하느님의 것**

5) **사람이 알 건 알아야 한다.** (무지가 겁난다)

6) **길게 이어지는 기억 용량**

7) **기 작용 기 반응 커뮤니케이션**

8) **너와 나 위치를 아는가?** (1차원, 2차원, 3차원, 4차원, 5차원)

9) **사람 세포에 긍정핵 인지 '바로미터'가 있다.**

   바로미터는 포착, 감지, 분별, 판단을 종합하는 자연계 일직
   선이다. 자연 지성은 긍정 선 메시지를 텔레파시 한다. 자기 직
   관을 통하는 바로미터로 직감포착 긍정 선이 순간 파장 진동 바
   로미터로 각인 인지 종합 판단되는 자기긍정이 공명이다.

물은 느낌의 초미립자다

　　　　　　　　　맑은 바다에서 긍정의 파도를 타다

우주 블랙홀과 화이트홀, 그리고 초끈 이론

...

직관을 통한 자연지성으로 알아차린 것이 있다.

정화되고 순환하며 스스로 지능을 가지고 도는 지구는 거대 공기캡슐이다.

보이는 세계의 인간의 도덕과 상식 원리는 보이지 않는 세계에서 연결된 지성이다.

두 세계는 늘 공존한다.

관계는 연결이다.

모든 물질과 물체는 에너지 파동으로 서로 반응한다.

원자의 미립자는 끈, 끈의 원리는 연결이다. 반응관계 연결이다.

블랙홀은 거대한 에너지가 빨려 들어가고 화이트홀은 거대한 에너지를 분출한다.

거대 우주는 에너지 삼투압으로 유지되는 것 같다. 거대한 우주는 순환하고 있다.

요즘 물리학자들은 궁극의 입자를 점이 아니라 매우 작은 끈이라고 보고 있다. 이런 이론을 '초끈 이론'이라고 한다. 초끈 이론은 우주의 근원이 되는 물질이 작은 입자가 아니라 진동하는 아주 작은 끈이라고 본다. 물리학자들은 그동안 입자들이 충돌할 때 점과 점이 만나 부딪치는 것으로 생각해 왔다. 하지만 초끈 이론의 발상은 혁명적이라 할 만큼 다르다.

이 이론은 입자들이 충돌할 때 고무줄처럼 생긴 두 개의 끈이 만나 하나의 끈으로 합쳐졌다가 다시 두 개의 끈으로 나누어진다고 본다. 이 끈은 지름이 1,031분의 1㎝보다도 작다. 이 끈과 원자의 크기를 비교하면 원자는 지구이고 끈은 원자라 할 만큼 끈의 크기는 극히 작다. 이렇게 작기 때문에 물리학자들도 끈을 실제 존재하는 형태라기보다는 일종의 수학적 개념으로 받아들이고 있다.

이 끈의 성질은 고무줄과 비슷하다. 초끈 이론은 고무줄 같은 이 끈의 진동 방법만 조절하면 어떤 물질이나 힘도 나타낼 수 있다고 본다. 다시 말해 끈이 이렇게 진동하면 전자가 되고 저렇게 진동하면 빛, 즉 광자가 되는 것이다. 초끈 이론에서 끈은 흔히 바이올린의 줄에 비유된다. 바이올린 줄이 어떻게 진동하느냐에 따라 소리가 다르듯이, 끈이 어떻게 진동하느냐에 따라 성질이

맑은 바다에서 긍정의 파도를 타다

다른 입자와 힘이 나타난다는 것이다. 예를 들어, 두 개의 전자는 가까울수록 전자기적으로 반발해 10^{-31}cm까지 가까워지면 당기는 중력과 반발하는 전자기력이 비슷해진다. 하지만 전자들이 더 가까이 가면 양자역학적 효과에 의해 중력이 무한대가 되어 해석하기가 매우 어렵게 된다. 이런 문제를 해결한 것이 바로 초끈 이론이다.

우리가 잘 아는 영국의 천재 물리학자 호킹도 블랙홀을 통해 중력을 양자역학과 통일하는 데 도전했다. 너무 중력이 강해 빛마저 빨아들이는 블랙홀에는 야구공을 넣든 텔레비전을 넣든 나오는 정보를 보고 무엇을 넣었는지 알 수 있어야 한다. 그러나 수학적으로 이런 현상이 일어날 수 없는 것으로 나타나자 그는 1974년에 양자역학의 원리를 수정해야 할지 모른다고 말했다. 이것이 '블랙홀의 정보 수수께끼'다. 그런데 1996년 이 수수께끼가 풀렸다. M이론으로 블랙홀을 들여다보니 모든 정보가 다 들어 있었다. 호킹이 잘못 계산했다는 것이 밝혀진 것이다.

인간은 공동책임 운명체다

...

물님이 내려
시원한 바람님 부는
오늘 아침에

지성을 잃은 지성인,
어느 교수님의 글을 보면서 마음이 아프다.

지성은 자연에서 오며
불변하는 세상 이치이다.
사람이 원하기만 하면
자연은 강의료 없이
단계로 흘러넘치도록 준다.

보이는 모든 것 자연지성 모두

맑은 바다에서 긍정의 파도를 타다

하느님이시며(인간이 만든 신)
하느님의 사랑은 공짜이다.

자연지성에서 전파되는 텔레파시가
성령이라고 말하는 것이 아닌가 한다.

사람은 발달체다.

자연과 속삭여라.
자연과 친하라.
자연과 통한다.
자연이 답을 준다.

자연 에너지를 모르면
신비하고 두렵다.

자연에는 우리가 상상할 수 없는
무한의 깊은 지성이
우리가 지성을 드릴 때 연결된다.

일하고 사랑하고 살고
자연지성 앞에 자신을 360도 열어 순수 상태로

그냥 내어 놓아라.

자기를 성찰하고 반성하라.
자연지성 긍정 텔레파시가
파장 진동이 일어나
통하고 감격하면 눈물이 난다.
눈물은 해독이다.
통함은 자연과 사람의
바로미터 일직선 상태다.
긍정복원으로
순수 투명해진다.

작아서 못 보거나
너무 커서 안 보이는 자신에게
현미경이나 망원경이 쓰여지는 것처럼
안목이 늘어난다.

거듭하라.

보이는 세계에 집착하면
보이지 않는 세계를
등한히 할 수 있다.

맑은 바다에서 긍정의 파도를 타다

보이는 세계와
보이지 않는 세계는
늘 공존한다.

보이는 세계 사람이 사는 법은
보이지 않는 세계 지성과 연결되어 있다.
보이는 세계에 보이지 않는 세계가 있다.
안목이 좁아서 너무 크거나 작아서 볼 수 없다.
열린 사람에게 직관을 통해서 보낸다.

사람이면 누구나 지구표면 어디에 있으나
자신이 알아듣는 자기사용 구사언어로
에너지가 확장하는 차원 단계를 넘을 때
이해하는 답을 준다.
답은 자연의 원리로 세상을 분별할 수 있다.

자연지성에서 긍정 순환하는 순수파장이
직관을 통한 순간직감 인지로 온몸 세포에 각인시킨다.

자연지성에서
자기의 종교 신앙 기도
문화생활로 익숙한 언어로

소리 없는 큰 말씀으로 텔레파시 한다.

자연지성 순환하는 지성의 에너지가 응축되는
긍정 시너지효과가 팽창한다.

이기와 유리함으로 자기 벽을 쌓아
자기를 닫지 마라. 부정이 된다.

부정을 무리 지워 힘을 모으지 마라.
에너지가 부정으로 응축되면
대자연상생교류순환대사 하는
자연지성 에너지 고리가 끊긴다.

자연지성의 긍정 에너지 공명 안전화 에너지는
사람이 다 같이 공공의 목적으로 많이 모일수록
공명 안전화 에너지가 크게 확장하며 모두를 감싼다.

지금도 우리 주변에는 자연의 좋은 운기가 가득 차 돌고 있다.

이성은 기억 판단이다
감성은 에너지 흐름을 기분으로 느끼는 것이다
감성은 세포가 열려야 감각과 느낌이 트이고 감성이 발달한다.

맑은 바다에서 긍정의 파도를 타다

우리들은 감성으로 지능이 발달한다.
더 크게 성장한다.

기분이 신선하고
기분이 최고 청량감일 때
사람들은 수용 포용이 늘어난다.

인간은 공동책임 운명체다.

순간은 영원으로

...

찬란하게 떠오르는 태양이 좋았다.

물들어 지는 해도 좋았다.

여름 푸른 하늘 하얀 뭉게구름이 좋았다.

흘러가는 구름도 좋았다.

밤하늘 총총한 별들이 좋았다.

밤하늘 반달 큰 달이 좋았다.

흙을 이고 솟는 풀들의 인사가 좋았다.

피는 꽃이 좋았다.

지는 꽃이 다시 피기를 기다리는 것도 좋았다.

연초록 진초록 나뭇잎도 가지도 좋았다.

나뭇잎가지 그늘도 좋았다.

나뭇잎 흔들며 지나가는 바람도 좋았다.

푸른 바다 먼 수평선이 좋았다.

멀리서 밀려오는 하얀 파도가 좋았다

가을 나락 황금빛 출렁이는 바람도 좋았다.

나를 스쳐가는 바람도 좋았다.

하얀 겨울눈이 좋았다.

겨울은 하얀 눈으로 덮는다.

그 순수함 속에 내가 사랑해야 할 사람 모두가 있었다.

사람들끼리 꽃처럼 사랑하면 좋겠다.

사랑은 늙지 않는다.

사랑은 영원으로 향한다.

영원은 끊어지지 않는다.

부록

—

나의 연대기

1) 1968년 2월 24일 부산 청학동 고갈산

2) 마산으로 이사

3) 1968년 11월 29일 결혼

4) 1969년 4월 마산 교방동 이사. 1969년 10월 25일 첫애 태어나 일주일 살았음

▶1969년 6월~1970년 4월 부영영화사

5) 1969년 9월 시댁(수성동)

6) 1969년 10월 부산 우일동(해운대)

7) 1970년 10월 마산 상남동. 1970년 12월 7일 큰아들 태어남

8) 1971년 8월 부산 남부민동(등대). 추어탕, 팥죽 장사

9) 1971년 11월 마산 상남1동(제비산). 1972년 1월 23일 작은아들 태어남

10) 1972년 5월 창원 죽전. 구멍가게 운영

11) 1972년 8월 마산 시댁 상남1동(제비산)으로 잠깐 이사

12) 1972년 9월말 부산 남부민동. 보험 영업

13) 1973년 2월 부산 대연동 중앙시장 내 찻집 장사

▶ 1973년 문화호텔

14) 1973년 6월 서울 창신동, 왕십리동 큰시누이집과 친정집. 실비밥집 장사

15) 1973년 12월 서울 아현동

16) 1974년 2월 서울 천호동. 1974년 6월 29일 딸 태어남

17) 1974년 8월 11일 마산 합성동. 보따리장사

18) 1974년 9월 말경 마산 합성동 덕재

19) 1975년 9월경 마산 구합성삼거리, 도원 예식장 앞

20) 1976년 5월경 마산 산호동

▶ 고려상사

21) 1977년 1월 마산역 옆

22) 1977년 7월 부산 주례동

▶ 신신기계

23) 1978년 8월 부산 민락동 집. 이불 주문생산과 판매(이불 보료 커튼)

24) 1980년 10월 서울 구파발

▶ 대양스텐

25) 1980년 12월말 마산 합성동 71-6

26) 1981년 8월 ~ 11월 국수장사(시외주차장 옆)

▶ 1981년 마산수출자유지역에서 외판생활

27) 1981년 11월 마산 합성동. 보석 소·도매 세일즈

28) 1982년 3월 마산 합성동 정규집

29) 1985년 10월 마산 합성1동 71-6

▶ 1985년 10월부터 복덕방 개업. 부동산공인중개사 2차 자격 취득

▶ 1988년 12월 31일 부동산 중개업 끝

30) 1989년 11월 11일 '두만강횟집' 개업

31) 1991년 2월 2일 '빛사랑보석방' 개업

32) 1993년 3월 30일 다시마 제품 개발

33) 1994년 8월 1일 '빛사랑보석방' 정리

34) 1997년 5월 19일 '맑은바다해초식품' 창업('십사일다시마'제조허
가ー마산 제1118번)

35) 1999년 11월 22일 준공과 공장 이전(현재 마산 구산면 마전리)

36) 1997년 5월 마산 오동동 310-1 '맑은바다해초식품' 공장으
로 이사

1980년 결혼 12년. 그러나 남편은 여전히 나에게 함부로 대하
였다. 피해의식이 들기 시작한 것이다. 이건 아닌데? 사면초가
막힌 내 인생. 내가 나와 소통하기 위해서 글을 쓰기 시작한 것
같다. 어언 39년 동안 써 온 이 글들은 올해 2019년 들어와서 새
로운 인연들의 사랑이 없었다면 어려운 편집을 해낼 수 없었을
것이다.

1차 편집을 봐 주신 존경하는 조기조 교수님은 물론 교수님께
서 연결시켜 주셨던 도서출판 행복에너지 권선복 대표님, 권보송
작가님, 서보미 디자이너님을 잘 만나서…나열이 어려웠던 2차
편집이 끝났다! 말큼…주변에서 마음 써 주셔서 이젠 책 같은 책
이 나올 듯하다. 그래서 인연 선이 길었나보다!

조기조 교수님 언제나 선량한 마음 써 주셔서 고맙고 고맙습니다!

에필로그

"독자님께 인사말"

. . .

긴 글을 읽어 주셔서 고맙습니다. 필자는 더 큰 세상으로 나가서 더 많은 사람들과 더 크게 소통하고 싶었습니다. 누구나 동백꽃 사연이 있습니다. 그러나…내 인생은 거기에 그치지 않는 무언가가 필요했습니다. 무언가의 답이 필요했습니다.

나는 눈을 감으면 조용히 주변에 흐르는 에너지 파장과 소리에 집중하고 명상에 들어가곤 합니다. 자연에 가득 찬 여러 가지 소리 파장 에너지가 주변을 감돌며 조용히 흐릅니다. 자연에 가득 차 있는 에너지의 낮고 높은 화음을 통해 어느 공간에서나 펼쳐진 생명들을 느끼게 됩니다.

대자연 지성성은 무한하며 무경계입니다. 사람이 경계선을 긋는 것입니다. 다만 차원이 단계로 있을 뿐. 하지만 사람은 교

감 공유공감 능력으로 역지사지할 수 있기에 무경계의 대자연
에 합일되어 평온함을 누릴 수 있습니다.

  명상은 조용히 앉아 숨을 쉬며 인간의 기(에너지)와 낮은 파장으
로 조용히 흐르는 자연의 좋은 에너지 사이에 삼투압이 일어나
는 과정을 통해서 압력을 받은 감정과 근육을 푸는 것입니다. 고
속·고압·고밀도의 고감도시대에 우리 서로의 반응하는 에너지
의 기세를 낮추고 나를 중심으로 돌고 있는 조용히 흐르는 자연
에 동참하면 자연이 가르쳐 주는 것을 느낄 수 있을 것입니다.

  "자연이 가르쳐 주고 느끼는 것으로 나는 차~츰 편해졌다!"

수많은 역경을 헤쳐 나왔기에 더욱 빛을 발하는 긍정 메시지가 우리 사회에 평화를 가져다주길 기원합니다!

권선복
도서출판 행복에너지 대표이사

　사회적 동물인 인간은 혼자서는 살아갈 수 없는 존재입니다. 인간은 어떠한 방식으로든 타인과 관계를 맺고 살아가게 되어 있으나 때로는 갈등과 대립이 끔찍한 전쟁으로 이어지기도 합니다. 이러한 갈등과 대립을 줄이고 모두가 평화로운 사회를 만들기 위해선 무엇이 필요할까요?

　'맑은바다해초식품'의 CEO이자 사회운동가인 이 책의 저자 이현숙 대표는 모든 사람들은 각기 다른 기질을 가지고 있으며 이를 조화롭게 만들어주는 것이 바로 '긍정'이라고 이야기합니다. 기질이 부정으로 꽉 막혀 있어 소통이 불가능하다면 기질이 만들어내는 기세가 강해지고 해소할 곳이 없어 광폭해지며 가까이 있는 다른 기질에 부정적인 영향을 끼치게 되기에 무엇보다 긍정을 습관화하는 것이 중요하다는 것입니다.

이를 기반으로 하여 저자는 긍정을 몸에 체화하여 사는 것만으로도 자연과의 텔레파시를 통해 깊은 지성을 얻을 수 있으며, 타인의 기질을 이해하여 조화롭게 살아갈 수 있고, 어떤 상황에서도 평화와 안정을 얻을 수 있다는 '긍정 이론'을 우리에게 전달합니다.

이러한 저자의 긍정 이론의 배경에는 오랫동안 가난과 싸우고 남편과의 갈등 속에서 길을 찾아야만 했던 저자 본인의 아프지만 소중한 경험들이 깔려 있습니다. 치열했던 베트남 전쟁에 대한민국 해병대원으로 참전하여 몸과 마음에 큰 상처를 입은 후 사회운동에 몸담게 된 남편과의 갈등이 바로 그 경험입니다. 전쟁터에서 돌아와 극도의 PTSD(외상 후 스트레스 증후군)으로 고통 받던 남편을 이해하기 위한 마음공부를 시작하게 된 것이 긍정과 부정, 선과 악, 전쟁과 평화에 대한 깊은 깨달음을 얻게 된 계기가 된 셈입니다.

수많은 역경과 고난을 극복하고 '맑은바다해초식품'의 CEO로서 효과를 검증받은 '십사일다시마' 상품을 통해 많은 이들의 건강을 책임지고 있으며 지속적인 사회운동을 통해 인류의 행복과 사회 평화를 꿈꾸는 이현숙 대표님의 긍정 메시지가 많은 이들에게 전달될 수 있기를 희망합니다!

맑은바다 해초식품
십사일 다시마

　맑은바다 해초식품의 십사일 다시마는 건강 문제로 힘들어하던 92년도의 어느 날 한순간에 뇌를 두드리듯 떠오른 아이디어에서 만들어졌다. 다시마에 포함된 고함량의 미네랄은 피를 건강하게 만든다. 피가 건강하면 인체의 모든 시스템이 회복되며 다시 몸이 따뜻해지고 힘이 생겨나고 면역력이 높아지는 것이 상식이다.

　맑은바다 해초식품의 십사일 다시마는 질 좋은 마른 다시마를 깨끗한 물에 담가 불리면서 겉면에 얇게 묻은 진흙이나 모래알, 조개껍질 등 비조물을 솔질하며 씻기를 3차례 반복한다. 이후 5일간 바싹 말린 후 제주산 벌꿀을 조금 섞어 치대어 녹두알처럼 작은 알 형태를 만든다. 여기에 벌꿀에 포함된 수분을 없애기 위해 말리는 데에 또 7일 정도 시간이 걸리니 하나의 다시마 환을 만드는 데 14일이 걸려 십사일 다시마라 이름 붙였다.

　우리 가족이 먹어보고 큰 효과를 본 후 주변 사람들에게 처음엔 조금씩 그냥 나눠주었다. 큰 효과를 봤다는 사람이 늘어나고 이러한 사실이 입소문으로 알려져 자꾸만 확대되자 경기, 서울, 부산에서 제주까지 모르는 사람들에게까지 주문신청이 자꾸만 많아졌다. 이에 따라 주문량도 늘어나서 내 일이 많아졌지만 공해시대에 건강과 사회에 기여를 하면서 보람 있는 사업이 되겠다는 생각으로 창업을 시작하여 지금에 이르렀다. 내가 개발하고 창업하기 전에 먹던 분들이 그로부터 25년이 된 지금도 잡수신다.

손 저림, 입 마름, 손톱이 잘 부러짐, 혹이 잘 생김, 만성 피로, 불면, 기립성 저혈압, 고혈압, 당뇨병, 갑상선 저하 및 항진, 생리통, 스트레스, 가려움증…. 주변을 조금만 둘러보면 질병인지 아닌지 모호한 증상이 많다. 이런 증상들이 심각해질 경우 덩달아 삶의 질도 떨어지지만 병원에 가도 뾰족한 진단과 치료를 받지 못하는 경우가 부지기수다. 이런 사람은 미네랄(무기질)검사를 받아보면 특정 미네랄이 부족한 경우 이를 보충하는 것만으로 신통하게 낫는 경우가 있다. 천연 미네랄의 보고라고 할 수 있는 다시마로 만들어진 십사일 다시마는 이런 분들의 건강을 지켜 준다.

개발: 1993년 3월
창업: 1997년 5월
1998년 '십사일 다시마' 상표등록
2001년 제조방법 특허등록(번호: 0315645)

회사전경

맑은바다 해초식품 십사일다시마 공장 모습. 마산 구산면 마전 바다 해양관광도로 719번길

다시마를 말리는 모습

맑은바다 해초식품 다시마 상품

맑은바다 해초식품 다시마 발효감식초

맑은바다 해초식품 다시마청소스

자신의 기세를 낮추고
보이지 않는 세계에
의식이 확장하면
자연 지성성 긍정에너지 파장에 맞추면…. 삶은 수월해집니다.
.
.
.
필요한 것은 내 앞에 준비된 징검다리가 놓이는 것 같습니다.

생각을 긍정으로
일하고 사랑하며 보이지 않는 세상의 네트워킹 망이 연결되고 통
하면 사물이든, 사람이든, 일이든, 물질과 공간이든 지금 필요한것
이 내 앞에 다가오며 원하는 답은 차원의 단계대로 주어집니다.

자연지성은 완전한 긍정이며 오차가 없습니다. 원하면 언제나
나를 이끌어 가르치기 때문입니다.

자신의 타고난 오장육부에 따른 에너지, 강·약으로 흐르는 기질
기세에 의한 성향과 긍정성으로 정신과 신체 건강을 찾고 싶으시
다면 언제든지 "긍정의 교실"로 오십시오!~~~
늘 편안하시길 바랍니다!

주소 : 경남 창원시 마산합포구 구산면 해양관광로 721
Tel : 055) 272 - 0345

'행복에너지'의 해피 대한민국 프로젝트!
〈모교 책 보내기 운동〉

대한민국의 뿌리, 대한민국의 미래 **청소년·청년**들에게 **책**을 보내주세요.

많은 학교의 도서관이 가난해지고 있습니다. 그만큼 많은 학생들의 마음 또한 가난해지고 있습니다. 학교 도서관에는 색이 바래고 찢어진 책들이 나뒹굽니다. 더럽고 먼지만 앉은 책을 과연 누가 읽고 싶어 할까요? 게임과 스마트폰에 중독된 초·중고생들. 입시의 문턱 앞에서 문제집에만 매달리는 고등학생들. 험난한 취업 준비에 책 읽을 시간조차 없는 대학생들. 아무런 꿈도 없이 정해진 길을 따라서만 가는 젊은이들이 과연 대한민국을 이끌 수 있을까요?

한 권의 책은 한 사람의 인생을 바꾸는 힘을 가지고 있습니다. 한 사람의 인생이 바뀌면 한 나라의 국운이 바뀝니다. **저희 행복에너지에서는 베스트셀러와 각종 기관에서 우수도서로 선정된 도서를 중심으로 〈모교 책 보내기 운동〉을 펼치고 있습니다.** 대한민국의 미래, 젊은이들에게 좋은 책을 보내주십시오. 독자 여러분의 자랑스러운 모교에 보내진 한 권의 책은 더 크게 성장할 대한민국의 발판이 될 것입니다.

도서출판 행복에너지를 성원해주시는 독자 여러분의 많은 관심과 참여 부탁드리겠습니다.

도서출판 **행복에너지** 임직원 일동

하루 5분, 나를 바꾸는 긍정훈련

행복에너지

'긍정훈련' 당신의 삶을 행복으로 인도할 최고의, 최후의 '멘토'

'행복에너지
권선복 대표이사'가 전하는
행복과 긍정의 에너지,
그 삶의 이야기!

🎗인터파크
자기계발 분야 주간
베스트 1위

권선복 지음 | 15,000원

권선복

도서출판 행복에너지 대표
영상고등학교 운영위원장
대통령직속 지역발전위원회
문화복지 전문위원
새마을문고 서울시 강서구 회장
전) 팔팔컴퓨터 전산학원장
전) 강서구의회(도시건설위원장)
아주대학교 공공정책대학원 졸업
충남 논산 출생

책『하루 5분, 나를 바꾸는 긍정훈련 - 행복에너지』는 '긍정훈련' 과정을 통해 삶을 업그레이드하고 행복을 찾아 나설 것을 독자에게 독려한다.

긍정훈련 과정은 [예행연습] [워밍업] [실전] [강화] [숨고르기] [마무리] 등 총 6단계로 나뉘어 각 단계별 사례를 바탕으로 독자 스스로가 느끼고 배운 것을 직접 실천할 수 있게 하는 데 그 목적을 두고 있다.

그동안 우리가 숱하게 '긍정하는 방법'에 대해 배워왔으면서도 정작 삶에 적용시키지 못했던 것은, 머리로만 이해하고 실천으로는 옮기지 않았기 때문이다. 이제 삶을 행복하고 아름답게 가꿀 긍정과의 여정, 그 시작을 책과 함께해 보자.